Beckenboden

Wie Sie den Alltag zum Training nutzen

IRENE LANG-REEVES

Ein Wort zuvor	5

› EINFÜHRUNG

Beckenbodengesund – ein Leben lang — 7

Warum ein aktiver Beckenboden so wichtig ist — 8
Starke Basis bei Bewegung und Belastung — 9
Die Anatomie erklärt so manches — 13
Interview: Tabuthema Inkontinenz — 18
Beckenbodenprobleme — 19

Gebrauchsanweisung für den Körper — 23
Modernes Leben – und ein Körper mit Genen aus der Steinzeit — 23
Wie wir Bewegung lernen und steuern — 27
Interview: Alltagstraining – ideal für junge Mütter — 31

Die Bewegungskompetenz zurückerobern — 32
Leben mit aktivem Beckenboden — 32

Und atmen bitte! — 38
So üben Sie mit diesem Buch — 40

› PRAXIS

Einfach üben im Alltag — 47

Schritt eins: Kennen lernen — 48
Die drei Schichten erkunden — 50
»Den Beckenboden aktivieren« — 52
Einwiegen — 52
Gefahren ausschalten — 54
Entspannung vertiefen — 56

Schritt zwei: Kraft entfalten — 58
Die unterste Schicht — 60
Die mittlere Schicht — 62
Die innerste Schicht — 64
In jeder Lage — 66
»Kann es sein, dass …?« — 69

INHALT

Schritt drei:
Die aktivierenden Bewegungsprinzipien 70
Schwerpunkt tieferlegen 71
Aus dem Bauch heraus 72
Muskelkraft statt Schwung 74
Wie eine Welle kommen lassen 76
Becken und Boden 76
Schrittstellung 78
Die Kraftlinie 81
Spiralbewegungen 82
Balancieren 83

Schritt vier:
Aktiv sitzen und stehen 86
Aufgeweckt sitzen 88
Handlungsbedarf 90
Den Stand aufspannen 92
Bewegt stehen 95

Schritt fünf:
Dynamisch unterwegs 97
Gehen – beckenbodenaktiv 99
Rollen statt stauchen 101
Treppen steigen 102

Tragen 104
»Wie soll das gehen …?« 106

Schritt sechs:
Die Last zur Lust machen 107
Bücken und heben 108
Der Haushalt als Workout 113
Junge Mütter sind Schwerarbeiterinnen 115
Fragen rund um Schwangerschaft und Geburt 117
Ultimativ: Gartenarbeit 118
Der Beckenboden und der Sport 119

› SERVICE

Zum Nachschlagen 122
Bücher, die weiterhelfen 122
Adressen, die weiterhelfen 122
Sachregister 124
Impressum 126
Das Wichtigste auf einen Blick 128

DIE AUTORIN

Irene Lang-Reeves ist Diplom-Biologin und Heilpraktikerin mit langjähriger Erfahrung in Körperpsychotherapie. Dabei lernte sie die Beckenbodenarbeit immer mehr als wohltuende Kraftquelle zu schätzen und spezialisierte sich auf dieses Thema. Als immerwährend neugierige »Naturforscherin« experimentierte sie mit allen Bewegungsabläufen, vom Aikido-Training bis zum alltäglichen Allerlei wie die Geschirrspülmaschine auszuräumen. In zahlreichen Kursen entwickelte und verfeinerte sie daraus ihren Trainingsansatz »Beckenboden in Bewegung«.
In ihrer Praxis im Süden von München arbeitet sie sowohl präventiv als auch mit Patient(inn)en in Kursen und Einzeltherapie. Außerdem gibt sie ihre Erfahrungen in zwei Ausbildungen weiter – die eine mehr medizinisch orientiert und die andere auf die Alltagsintegration ausgerichtet. Bei GU erschien bereits ihr erfolgreicher Ratgeber »Beckenboden – das Training für mehr Energie«.

Ein Wort zuvor

Sicher haben Sie schon gehört, wie wichtig es ist, etwas für den Beckenboden zu tun – ob als reine Vorbeugung oder um mehr Energie zu bekommen oder um ein kleines Blasenproblem zu bessern. Aber Sie haben in Ihrem dicht gepackten Tag »keine Zeit zum Üben«? Oder Sie finden Übungen »langweilig und unmotivierend«? Diese Stoßseufzer höre ich in meinen Kursen ständig. Das hat mich darin bestärkt, vor allem die Alltagsintegration zu vermitteln – also das Üben beim ganz normalen Sitzen, Gehen, Heben … Denn was nützen die besten Übungen, wenn sie nicht gemacht werden? Und die Idee, aus der Not eine Tugend zu machen und das Training tatsächlich in den Alltag einzubauen, ist einfach verlockend. Im Grunde ist das nichts Neues – aber die meisten Ansätze dazu sind zu allgemein oder nur Sammlungen von Tipps.
Ich bin ein zutiefst praktischer Mensch. Mir ist wichtig, dass Dinge einfach sind und funktionieren. Deshalb lag es mir am Herzen, ein wirklich alltagstaugliches Beckenbodentraining zu entwickeln – einfach zu erlernen und umzusetzen. Mein wissenschaftlicher Hintergrund hat genauso dazu beigetragen wie die Tatsache, dass ich selbst keine kräftige Konstitution habe. So hat mich mein aktiver Beckenboden geleitet, denn er macht Bewegungen wirksamer und leichter.
Meine Entdeckungen möchte ich mit Ihnen teilen. In diesem Ratgeber stelle ich Ihnen die Essenz meiner Arbeit vor: wie Sie Ihren Beckenboden aktivieren und diese Fähigkeit vollständig in Ihr tägliches Leben integrieren – in sechs einfach nachvollziehbaren Schritten systematisch zu erlernen, körpergerecht und lebensnah. Es macht Spaß, ist natürlich, effektiv und schenkt Ihnen ein umfassend neues Bewegungsgefühl.
Der aktive Beckenboden hat mein eigenes Leben verändert – ich bin leistungsfähiger, fitter, besser drauf und ich fühle mich jung in meinem Körper. Diese Erfahrungen machen auch meine Patient(inn)en und Schüler(innen).
Es freut mich, wenn das Beckenbodentraining Ihr Leben ebenso bewegt und bereichert. Ich wünsche Ihnen Gesundheit, Lebensfreude und Energie für jeden Tag!

Irene Lang-Reeves

Beckenboden-gesund –
ein Leben lang

Der Beckenboden ist eine tolle Sache – unsere natürliche Kraftzentrale in der Körpermitte. Leider wird sie oft nicht aktiviert und macht dann eher Probleme statt Freude. Sie können diese Energie der Körperbasis jedoch leicht erwecken und mit einem körpergerechten und vollständig alltagstauglichen Training aktiv halten. Damit Sie gesund bleiben oder es wieder werden.

Warum ein aktiver Beckenboden so wichtig ist

Warum so viel Getue um diese paar Muskelchen? Nur etwa handtellergroß ist die ganze Angelegenheit. Und in letzter Zeit hört man ständig in den Medien darüber. Ist das ein weiterer Gesundheitstrend, der bald wieder verschwunden sein wird? Ich glaube nicht. Der Beckenboden ist ein Thema geworden, über das man reden kann, weil sich die Tabus lockern. Wir können uns freier mit diesem schwer vernachlässigten Teil des Körpers beschäftigen, und das ist wichtig und höchste Zeit. Denn er birgt ein großes Potenzial in sich! Wer nämlich meint, Beckenboden sei nur ein Thema für Schwangere und ältere Damen, täuscht sich gewaltig. Er leistet eine ganze Menge für uns – für jeden Menschen, jung oder alt, Mann oder Frau.
Bekannt ist, dass uns eine gesunde Beckenbodenmuskulatur dicht hält – kontinent. Das ist wichtig genug und leider nicht selbstverständlich! Aber diese erstaunlichen Muskeln leisten noch viel mehr. Dazu muss man sich nur vor

Warum ein aktiver Beckenboden so wichtig ist

Augen führen, wo sie sich befinden: am Boden des Rumpfes, den sie verschließen und stützen. Gleichzeitig ist dies die Mitte unseres Körpers.
Es ist die Beckenbodenmuskulatur, die die Verbindung zwischen den Beinen und dem Oberkörper herstellt – sie hat dadurch eine Schlüsselposition für unsere gesamte Haltung und eine harmonische Bewegungskoordination. Der Beckenboden richtet den Körper auf.
Wie wir unser Becken bewegen, spiegelt unsere Gefühle wider, erzählt etwas über unsere Sexualität, Lebenslust und Vitalität. Wenn Sie Ihren Beckenboden stärker aktivieren, intensivieren Sie Ihr Lebensgefühl.
Vielleicht seufzen Sie jetzt, weil Sie Ihr Becken überhaupt erst einmal richtig spüren möchten. Oder weil Sie schon glücklich wären, wenn Ihr Beckenboden einfach nur kräftig genug wäre, um seinen normalen Job zu machen.
Ein »Tröpfelproblem« ist auch bei jungen Frauen nicht selten, entweder nach Geburten oder wegen einer überaktiven Blase. Ab den Wechseljahren treten dann häufiger Beschwerden auf. Viele Frauen wollen mittlerweile rechtzeitig etwas für ihren Beckenboden tun, weil ihre Mutter Probleme hat und sie nicht ganz zu Unrecht fürchten, das schwache Bindegewebe geerbt zu haben.

Starke Basis bei Bewegung und Belastung

Was bedeutet es eigentlich, den Beckenboden zu stärken? Dicke Muskelpakete aufbauen? Immer und überall anspannen? Was ist das Ziel eines Trainings? Viele Frauen antworten auf diese Frage, dass sie sich am liebsten keine Gedanken mehr über diese Muskeln machen möchten. Und das ist tatsächlich das Ziel. Ein aktiver Beckenboden reagiert von selbst immer richtig, der jeweiligen Belastung angemessen. Er spannt bei starken Belastungen kraftvoll an, kann vollständig loslassen, wenn Entspannung angesagt ist – ein lebendiger, flexibler Muskel, der arbeiten, spielen und sich ausruhen kann.

Und nebenbei Beschwerden bessern

Wenn Sie Ihren Beckenboden aktivieren, werden Sie damit so manche bereits bestehenden Beschwerden bessern oder rückgängig machen. Sie können die vernachlässigte Schwangerschafts-Rückbildung nachholen. Sie können sich in

> Dieses Buch ist kein normales Übungsbuch, sondern eine vollständige Bewegungsschule. Wenn Sie sich mit aktivem Beckenboden bewegen, können Sie Ihr Training einfach in Ihrem Alltag erledigen, lebenslang und nebenbei. Und da Sie sich damit auch automatisch mehr bewegen werden, wirkt es gleichzeitig wie ein sanfter Ausdauersport – ohne Aufwand und täglich.

Ihrem Becken so stabilisieren, dass Sie ohne Sorge den Wechseljahren entgegenblicken können. Und bis dahin werden Sie jeden Tag so viel Kraft und Energie zur Verfügung haben, wie Sie brauchen. Und die beste Nachricht ist, dass Sie dafür nicht lebenslang Übungen machen müssen. Sie müssen nur lernen, sich so zu bewegen, wie es für Ihren Körper natürlich ist.

Aus der Mitte entspringt die Kraft

Möchten Sie Kraft haben, ohne kräftig zu sein? Möchten Sie sich am Ende eines anstrengenden Tages nicht völlig kaputt fühlen, sondern angemessen müde und einfach noch gut drauf? Möchten Sie sich mit natürlicher Anmut und Leichtigkeit bewegen? Dann müssen Sie den Schatz heben, auf dem Sie sitzen.

Es gibt Menschen, die sind von zarter Statur und trotzdem erstaunlich kräftig. Denken Sie beispielsweise an Zirkusakrobaten, Shaolin-Mönche, Tänzerinnen oder drahtige Landarbeiter. Was haben sie gemeinsam? Sicher nicht dicke Muskeln. Es ist ihre gelungene Körperkoordination, die sie ihre Kraft so wirksam entfalten und einsetzen lässt. Das bedeutet, dass sie eine Mitte haben, aus der heraus sie sich bewegen, und der ganze Körper spielt in einer Einheit zusammen. Diese Mitte ist der Beckenboden, und das Zusammenspiel sind funktionelle Muskelketten – Muskeln, die im perfekten Team miteinander arbeiten.

In den asiatischen Bewegungskünsten ist ständig die Rede von Hara, der Kraft aus dem Bauch – für uns Menschen aus dem Westen gleichermaßen faszinierend und fremdartig. Asiatischen Lehrern ist der Zugang dazu so selbstverständlich, dass sie oft nicht erklären können, was damit gemeint ist. Aber wenn Sie zum Beispiel bei Qi-Gong-Übungen das Gefühl haben, eine Stellung nicht lange halten zu können, aktivieren Sie einfach Ihren Beckenboden. Sie werden erleben: Auf einmal geht es. Das ist mit Hara gemeint!

Wenn Ihre Fitness-Instruktorin erzählt, Sie sollen den Po zusammenkneifen, dann tun Sie das bloß nicht! Sie meint in Wirklichkeit etwas anderes, nämlich dass Sie Ihren Beckenboden einsetzen sollen. Dann gelingen Ihnen plötzlich auch komplizierte Bewegungen. Ob Yoga, Tai Chi, Pilates, Skifahren oder

Verbinden Sie sich mit der Kraft, die in Ihrem Becken sitzt – und Sie ernten Ruhe und Energie gleichzeitig. Yoga-Praktizierende kennen die Technik des »Mula Bandha«: die Aktivierung des Beckenbodens, eine der wichtigsten Energieübungen des Hatha-Yoga. Man will damit erreichen, dass die Energie länger im Körper verweilt und aufgewertet wird.

Beach-Volleyball – Sie werden einfach besser darin werden. Alle Sportarten und Bewegungskünste brauchen den Beckenboden als Basis und heimlichen Akteur, er wird nur selten benannt.
Und wenn Sie einmal eine schwere Kiste ganz bewusst ohne und ganz bewusst mit aktivem Beckenboden gehoben haben, brauche ich Ihnen nichts mehr erzählen. Er macht unseren körperlichen Einsatz leicht und effektiv.

Die Energiequelle sprudeln lassen

Warum wird das Becken oft als Quelle der Lebensenergie empfunden? Vielleicht einfach, weil sich unsere Sexualorgane hier befinden und weil Sexualität die Urkraft ist, aus der alles Leben entspringt. Jedenfalls sitzt die Beckenbodenmuskulatur an dieser Quelle. Mit ihrer Hilfe können wir die Lebensenergie anzapfen und nutzen – oder einfach verplätschern lassen. Mit einem aktiven

Beckenboden verbinden Sie sich mit der sexuellen Urkraft – mit oder ohne Sex. Das Besondere an dieser Energie ist, dass sie glücklich macht. Das hat die Natur so für uns eingerichtet. Und diese Energie ist gewaltig! Sie befähigt zu körperlichen Spitzenleistungen genauso wie zu intensiven geistigen oder schöpferischen Prozessen, denn sie aktiviert auch das Gehirn und beflügelt unsere Stimmung. Der aktive Beckenboden funktioniert dabei wie eine Art Dynamo – durch Bewegung lädt er den ganzen Körper auf.

Man kommt auch durchs Leben, wenn man nur geringen Kontakt zu dieser Energiequelle hat. Sehr viele Menschen leben so. Das ist etwa so, als würde man einen Ferrari auf der Autobahn im ersten Gang fahren. Will man dann mal beschleunigen, kracht und raucht es, aber viel schneller kommt man nicht voran.

> Ein schlichtes Beckenbodentraining kann Ihr Leben verändern – indem es Ihnen Energie für den ganzen Tag schenkt.

Wenn Sie Ihre Quelle zum Sprudeln bringen wollen, brauchen Sie einen aktiven Beckenboden und unterstützend eine aufrechte Körperhaltung, die bewirkt, dass die Energie auch im Körper bleibt. Dann sind Sie in Verbindung mit Ihrer unerschöpflichen Energie. Wenn man hingegen ungünstig sitzt, steht und sich bewegt, verliert man Energie, man läuft sozusagen energetisch aus.

Zugang zu dieser Lebensenergie zu haben wirkt sich auch positiv auf Seele und Psyche aus. Sie haben mehr Lebensmut und inneren Raum. Natürlich lösen sich psychische Probleme nicht einfach durch ein Beckenbodentraining auf. Aber es kann sehr hilfreich sein, innerliche Prozesse auf der körperlichen Ebene zu unterstützen. Mehr Energie hilft auch, Spannungen abzubauen, und intensiviert die Gefühle in der Sexualität.

In die eigene Mitte finden – nach Hause kommen

Kennen Sie das Gefühl, am Abend vollkommen erschöpft zu sein, obwohl Sie den ganzen Tag nur geistig aktiv waren und körperlich eigentlich nichts getan haben? Wir leben in einer Welt, die das Mentale und Visuelle stark überbetont und uns mitunter vergessen lässt, dass wir überhaupt einen Körper haben. Da verliert man leicht die innere Mitte. Und wünscht sich nichts sehnlicher, als wieder mal so richtig lustvoll genießen, total entspannen zu können und nicht immer aus dem Kopf heraus zu entscheiden, sondern »aus dem Bauch«. Beckenbodentraining erdet. Wenn Sie Ihrer Körperbasis Aufmerksamkeit wid-

Warum ein aktiver Beckenboden so wichtig ist

men, schaffen Sie ein gesundes Gleichgewicht zwischen dem Oben und dem Unten. Damit kann man besser entspannen. Man ist stabiler und gelassener, ruht mehr in sich. Sogar die Stimme kann tiefer werden. Es ist wie ein Nach-Hause-Kommen.
Dies alles können Sie ganz einfach haben. Sie sitzen schon drauf. Und damit Sie sich das besser vorstellen können, ist etwas Anatomie hilfreich.

Die Anatomie erklärt so manches

Der Beckenboden besteht aus drei Muskelschichten. Diese haben die nicht ganz leichte Aufgabe, den gesamten komplizierten Beckenausgang wirksam, aber flexibel zu verschließen. Das Prinzip ist schlicht und gut: Die Muskelfasern der ersten Schicht verlaufen längs von vorn nach hinten, die zweite quer dazu, die dritte wieder längs, also sehr sinnvoll angeordnet. Und das ist auch wichtig, denn einige Körperöffnungen liegen da unten, in Richtung der Schwerkraft. Wenn Sie schwere Geburten hatten oder wenn Sie auf der Toilette häufig pressen oder wenn Sie wegen Asthma oder Heuschnupfen viel husten oder niesen, sollten Sie wissen, wie Sie diese Muskeln schützen und stärken können. Damit sie ein Leben lang halten und tragen!

› Bei Frauen wird der Beckenboden während der fruchtbaren Jahre durch das Östrogen gut »gefüttert« und steckt schon mal was weg. Aber ab den Wechseljahren müssen Sie auf den Hormonschutz verzichten und aktiv mehr tun, um diese Muskulatur zu erhalten.

› Bei Männern ist der Beckenboden in mehrfacher Hinsicht kräftiger: Der Beckenausgang ist schmäler, die Statik dadurch besser, das Muskelpaket dicker und die Struktur fester. Deshalb haben sie in jungen Jahren selten Probleme. Damit das so bleibt, trotz der Bewegungssünden vieler Jahre und nachlassender Hormonpro-

› So wie die Muskeln des Beckenbodens an den Knochen ansetzen, halten sie unser Becken unten ordentlich zusammen.

13

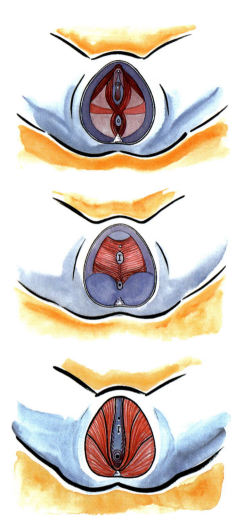

> Eine geheime Muskulatur mit wichtigen Funktionen. Hier sind die drei Schichten des Beckenbodens »aufgeblättert« und sichtbar gemacht: oben die unterste um After, Scheide und Harnröhre, in der Mitte die mittlere zwischen den Sitzhöckern, unten der Anusheber, die innerste Schicht.

duktion, wären auch für Männer frühzeitig erworbenes Beckenbodenbewusstsein und ein Alltagstraining sehr wichtig.

Die drei Muskelschichten

Eins: zum Zusammenzwicken

Die unterste Schicht ist die Schließmuskulatur von Blase und Anus. Bei Frauen verläuft sie als liegende Acht vom Schambein zum Steißbein, beim Mann im vorderen Bereich als ein Strang. Sie funktioniert als eine Einheit. Früher, als man zu ahnen begann, dass sich »da unten« ein Muskel befinden könnte, empfahl der Arzt, als Training den Harnstrahl mehrfach anzuhalten. Denn Muskeln kräftigt man bekanntlich durch Anspannen. Und da man diese spezielle, »geheime« Muskulatur auf der Toilette benützt, kann man sie mit Hilfe der Kneifübung am einfachsten aufspüren. Nur leider findet es die Blase überhaupt nicht gut, beim Wasserlassen unterbrochen zu werden. Das ist so nicht vorgesehen, recht unangenehm, und man kann sich damit sogar schaden, wenn man es häufig macht. Man erwischt mit diesem »Training« auch nur die erste Schicht, und die hat es selten nötig. Es sei denn, sie ist bei tiefen Dammrissen beschädigt worden. Wenn Frauen – oft erst mit den Wechseljahren – Probleme bekommen, Winde zu halten, kann das der Grund sein. Dann kann man gezielt die Schließmuskeln stärken.

Warum ein aktiver Beckenboden so wichtig ist

Zwei: zum Schließen

Die mittlere Schicht bedeckt die vordere Hälfte des kleinen Beckens und ist zwischen den Sitzhöckern aufgespannt. Einzelne Muskelfasern begleiten spiralförmig die Harnröhre und spielen deshalb auch eine bedeutende Rolle beim Blasenverschluss. Bei Männern ist die Prostata in diese Schicht eingebettet. Bei Frauen wird sie nicht nur von der Harnröhre, sondern auch noch von der Vagina durchbrochen und ist häufig eine Schwachstelle. Da musste die Natur einen Kompromiss eingehen. Denn wenn wir nicht gebären könnten, wäre dieser Muskel vermutlich stabiler. Wenn Frauen beschreiben: »Ich fühle mich so geöffnet«, weist dies auf eine geschwächte zweite Schicht hin. Richtiges Training hilft dabei, wieder Kraft aufzubauen und diese auch zu halten.

Drei: für die Statik und Dynamik

Die innerste Schicht verläuft wieder annähernd längs, fächerförmig in mehreren paarigen Muskelsträngen. Diese Schicht hat die größte Muskelmasse von allen dreien und vielfältige Funktionen. Sie stützt die Unterleibsorgane und sorgt dafür, dass sie da bleiben, wo sie hingehören. Sie hält das Bindegewebe durch Zug fit. Und sie stellt die Verbindung zum Rücken dar, zur Bauchmuskulatur und zu den Beinen. Die dritte Beckenbodenschicht ist unser Bewegungszentrum, der Dreh- und Angelpunkt für Statik und Dynamik. Wenn sie vital und stark ist, bewirkt sie, dass der Rücken seine physiologisch richtige Form einnimmt, richtet uns also von innen her auf. Zentrierte Körperbeherrschung ergibt sich daraus und die Ausstrahlung entspannter Souveränität.

So viel zu den Muskeln, die Sie besitzen. Die nutzen Ihnen aber nur, wenn Sie sie auch aktiv einsetzen!

Alles eine Sache der Haltung

Kinder, die viel körperlich spielen – was heute leider kaum noch üblich ist –, benutzen ihren Beckenboden intensiv. Herumrennen, klettern, balancieren, freihändig Rad fahren – all das trainiert die Bewegungsintelligenz, und der Beckenboden ist so aktiv, wie er nur sein kann. Die Schule beendet dieses Kapitel. Durch langes Stillsitzen auf schlechten Stühlen wird Kopfwissen eingepaukt und Körperweisheit vergessen.

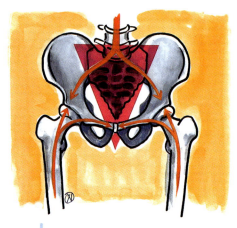

> Die richtige Beckenstellung – mit aktiviertem Beckenboden – schützt den Rücken und die Beckenorgane bei Belastung, weil sie den Druck auf optimale Art ableitet.

Die natürliche Bewegungskompetenz geht verloren

Im Büro geht es dann weiter – und zum schlechten Sitzen kommt noch die Ergonomie eines »optimalen« Arbeitsplatzes, was meist bedeutet, dass man »unnötige« Bewegungen einspart.

Auch nicht jeder Sport, den man als Ausgleich betreibt, ist natürlicherweise gut: Man kann Trainingsfehler machen, manche Sportarten sind einseitig, oder sie bauen zwar Muskeln auf, fördern aber kein natürliches Bewegungsgefühl.

Und schließlich gibt es eine Reihe von Haltungs- und Bewegungsgewohnheiten, die den Beckenboden belasten:

Das Hohlkreuz – statisch problematisch

Diese Haltung gilt bei Frauen als sexy – weil sie Brust und Po so schön betont, vor allem in Verbindung mit schicken High Heels. Leider ist man im Hohlkreuz weder kraftvoll noch stabil. Es zieht den Beckenboden aus der Funktionsstellung und bewirkt, dass Bauchraumdruck (Seite 17) die Unterleibsorgane ungebremst trifft, weil die verschobene Körperstatik ihn nicht ableiten kann.

Rücken und bücken – zu rund ist nicht gesund

Unser aktives Leben sollten wir weitgehend in aufrechter Haltung bestreiten, mit aktiver Muskulatur. Weit davon entfernt, bringen wir einen Gutteil des Tages in gerundeten Haltungen zu – ob beim »buckligen« Sitzen, durch häufiges Bücken oder Arbeiten in gebeugter Position. Diese gerundete Haltung gehört physiologisch zum Entspannen, im übertragenen Sinne zum Loslassen, zum Fließen und Genießen, zu allen weichen Empfindungen wie Anteilnehmen, Babystillen, Einkuscheln, Gefühlezeigen. Der Beckenboden öffnet sich dabei instinktiv, wir werden in jeder Hinsicht weich. Es ist zwar möglich, ihn dabei zu halten und anzuspannen, das fällt aber sehr schwer. Und jede körperliche Anstrengung – die ja Druck erzeugt – trifft auf ein ungeschütztes Becken.

Warum ein aktiver Beckenboden so wichtig ist

Und eins, und zwei … – die harte Gangart

Stress und Anspannung bewirken häufig, dass Menschen in eine rigide Körperhaltung geraten, aufrecht, aber wie mit einem Besenstiel im Kreuz. Beckenboden und Rücken leiden dadurch, dass sie zu wenig bewegt werden und zu viele Schläge durch einen meist harten, hackenbetonten Gang bekommen.

Bitte keine Bauchpresse!

Wir haben unsere Bauchmuskeln, damit sie unseren Rumpf stabilisieren. Sie helfen uns, eine gute Figur zu machen, stark und aufgerichtet zu sein.
Man kann sie auch dazu benützen, um etwas nach unten hinauszupressen. Das sollten Sie aber am besten so selten wie möglich tun! Denn nichts schadet dem Beckenboden so sehr wie eine chronische Bauchpresse. Außerdem bewirkt und verschlimmert sie Organsenkungen (Seite 19).
Wenn Sie zu Verstopfung (Obstipation) neigen, sollten Sie das dringend sanft regulieren.
Viele Menschen haben zudem die Angewohnheit, bei allen schweren Arbeiten die Luft anzuhalten und mit den Bauchmuskeln zu pressen, weil sie meinen, dadurch mehr Kraft zu entwickeln. Das ist falsch. Es ist nur anstrengender.

In der Summe kommt da Einiges an »Haltungssünden« zusammen, die den Beckenboden belasten. Und auf der anderen Seite der Bilanz steht meist ein Defizit an Bewegung, die die Muskulatur aufbauen und kräftigen würde. Dieses Missverhältnis bleibt nicht ohne Folgen.

> **BAUCHRAUMDRUCK**
>
> Er kommt von oben und drückt nach unten. Für schwache Beckenböden ist er gefährlich, weil er Bänder und Muskeln »ausleiert« und die Bauchorgane nach unten presst.
> Erschütterungen durch Springen und hartes Auftreten erzeugen ihn genauso wie jegliches Auf und Ab – auch auf dem Trampolin. Husten, Niesen und Räuspern lösen gleich eine richtige Druckwelle aus. Und mit der Bauchpresse (siehe links) macht man ihn – meist unnötig – sogar selbst.
> Wenn man ihn nicht vermeiden kann, muss man unbedingt kräftig dagegenhalten – mit aktiviertem Beckenboden in bester Körperhaltung.

! WICHTIG

TABUTHEMA INKONTINENZ

Ein Interview mit Dr. med. Almuth Angermund, Urologin und Leiterin des neu gegründeten »BeckenbodenZentrums München«.

Warum braucht man Beckenbodenzentren?

Als Urologin bin ich seit fast 20 Jahren schwerpunktmäßig mit Blasenfunktionsstörungen befasst. Diese Beschwerden sind oft vielschichtig und können mehrere Ursachen haben. Häufig werden Patient(inn)en von Arzt zu Arzt geschickt, ohne dass die Untersuchungsergebnisse fachübergreifend zu schlüssigen Behandlungsstrategien umgesetzt werden. Eine enge Zusammenarbeit von Urologen, Gynäkologen, Enddarmspezialisten, Chirurgen, Neurologen und Physiotherapeuten – wie in unserem Zentrum – ist daher mehr als sinnvoll.

Harninkontinenz ist also kein Bagatellthema?

4 bis 6 Millionen Deutsche leiden unter Harninkontinenz, mit zunehmender Tendenz. Es ist kaum bekannt, dass Inkontinenz häufiger ist als beispielsweise Diabetes und dass sie enorme volkswirtschaftliche Kosten verursacht. Trotzdem ist sie immer noch ein Tabuthema, das oft auch in der Partnerschaft nicht besprochen wird. Leider wird kaum Aufklärungsarbeit betrieben, obwohl die soziale Bedeutung enorm ist. Der Zusammenhang mit Depressionen, Arbeitsunfähigkeit und Frühberentung sollte nicht unterschätzt werden.

Was raten Sie Menschen mit Blasenproblemen?

Menschen mit Blasen- oder Enddarmproblemen sollten sich als Erstes an den Arzt ihres Vertrauens, zum Beispiel den Hausarzt oder Gynäkologen, wenden. Ganz falsch ist es, das Problem zu verschweigen und als unabänderlich hinzunehmen. Die Betroffenen sollten sich nicht zurückziehen und Vermeidungsverhalten entwickeln, wie die Trinkmenge zu reduzieren oder sich sozial zu isolieren. Es ist wichtig zu wissen, dass die Behandlungsmöglichkeiten vielfältig und zum Teil hocheffektiv sind. Physiotherapie steht mit 40 % an erster Stelle, gefolgt von der Behandlung mit Medikamenten und Verhaltenstraining. Kleinere oder größere operative Eingriffe stehen in 20 bis 30 % der Fälle an.

Was wünschen Sie sich für die Zukunft?

Dass dieses große Problem auch in der Gesundheitspolitik eine angemessene Wertschätzung findet – indem frühzeitige, umfassende Vorbeugung und entsprechende Gesundheitsangebote gefördert werden.

Beckenbodenprobleme

Wenn Sie eine schwache Blase haben: Sie sind nicht allein! Etwa jede vierte Frau über 45 ist davon betroffen und auch erstaunlich viele jüngere. Nur: Wenn man unter einer Allergie oder einer Erkältung leidet, dann ist das ein Gesprächsthema; wenn man aber eine Blasenschwäche hat, schämt man sich – meist still und heimlich.

Mit dem Training, das in diesem Ratgeber vorgestellt wird, können Sie der Inkontinenz nicht nur vorbeugen und sich mit Kraft und Energie für jeden Tag versorgen. Bei leichten bis mittleren Beschwerden ist eine Heilung oder deutliche Besserung möglich. Und sollte es ernster sein: Suchen Sie sich Hilfe. Lassen Sie sich nicht entmutigen, wenn Ihr Arzt Sie mit einer Übungsbroschüre abspeist oder wenn Ihnen in der Klinik als einzige Möglichkeit die Operation angeboten wird, auf die man dort spezialisiert ist.

> Viele Frauen schieben es vor sich her, etwas gegen ihre Blasenprobleme zu tun, obwohl es ihre Lebensqualität stark einschränkt.

Informieren Sie sich umfassend. Es gibt sehr engagierte Ärzte und Kontinenzzentren, die sich des Themas wirklich annehmen.

Auch wenn tatsächlich eine Operation angeraten ist, nützt Ihnen dieses Training. Es fördert Heilungsprozesse und macht den OP-Erfolg nachhaltiger.

Und wenn Sie jetzt nur ein klitzekleines Problemchen haben? Sie verlieren zum Beispiel vor Ihrer Periode beim Husten manchmal ein paar Tröpfchen? Das ist eine Warnung! In den Tagen vor den Tagen ist Ihr Östrogenspiegel niedrig, so wie später ab den Wechseljahren. Nehmen Sie also diesen kleinen Vorgeschmack zum Anlass, Ihren Beckenboden jetzt sofort auf Trab zu bringen. Je früher Sie beginnen, desto leichter ist es – denn ab den Wechseljahren müssen Sie ohne körpereigenes Doping auskommen, und das erfordert mehr Einsatz.

Die häufigsten Beschwerden bei Frauen

Senkungen

Dies ist keine präzise Diagnose, sondern ein Sammelbegriff dafür, dass sich irgendetwas im Becken nach unten verlagert hat. Dies kann die Gebärmutter sein, die Scheidenvorder- oder -rückwand, der Blasenhals, die Blase, der Darm. Die Funktion dieser Organe wird dadurch manchmal erheblich beeinträchtigt. Inkontinenz geht häufig mit irgendeiner Art von Senkung einher.

Eine Senkung, die in leichten Fällen selten Beschwerden macht, ist die Gebärmuttersenkung. Meist ist es der Frauenarzt, der als Erster darauf hinweist. Der Muttermund ragt in die Vagina hinunter. Manchmal treten Schmerzen beim Sex auf. In fortgeschrittenem Stadium stellt sich ein Gefühl der Schwere im Unterbauch ein, »alles drückt nach unten«.

Belastungsinkontinenz

Darunter versteht man unwillkürlichen Harnabgang, wenn plötzlich hoher Bauchraumdruck (Seite 17) entsteht. Die Schließkraft des Beckenbodens reicht nicht aus, um dem Druck von oben standzuhalten.

- **Leicht:** Es kommt zu tröpfchenweisem Urinverlust bei Erschütterungen wie Springen und Laufen, bei starker Belastung durch Heben, ebenso beim Ausatmen gegen einen Widerstand wie beim Husten und Niesen.
- **Mittel:** Treppensteigen, Lageveränderung oder kräftige Ausatembewegungen ohne Widerstand, wie Kerze auspusten, bleiben nicht folgenlos.
- **Schwer:** Keine Kontrolle mehr über die Blasenfunktion.

Überaktive Blase

Überfallsartiger Harndrang tritt meist bei bestimmten Gelegenheiten auf, man muss häufig auf die Toilette, oft auch nachts. Die Ursache ist die Überaktivität des Blasenmuskels; die Gründe sind in der Regel unbekannt. Wenn man mit einer überaktiven Blase die Toilette nicht immer rechtzeitig erreicht, spricht man von Dranginkontinenz. Der Beckenboden kann dabei völlig intakt sein. Manchmal tritt das Problem nur vorübergehend auf, zum Beispiel nach einer Blasenentzündung oder bei psychischem Stress.

Viele Frauen, die häufig zur Toilette müssen, fragen sich, ob das noch normal ist. Das ist eindeutig definiert: Wenn der Harndrang unaufschiebbar zu sein scheint, wenn Sie mehr als 8-mal pro Tag »rennen« und wenn das Ganze chronisch ist, haben Sie eine überaktive Blase.

> Schreiben Sie doch einfach mal ein paar Tage lang genau auf, wann Sie wie viel und was trinken und wie oft Sie zur Toilette gehen. Messen Sie auch die Urinmengen ab – normal sind 250 bis 500 Milliliter pro Toilettengang. Bei einer Trinkmenge von 2 Litern ist es also völlig normal, 5- bis 6-mal tagsüber zur Toilette zu müssen. Wenn Sie mehr trinken, entsprechend öfter, und einmal nachts, wenn Sie abends viel trinken.

Warum ein aktiver Beckenboden so wichtig ist

Gegen eine überaktive Blase können Sie selbst einiges tun:
> **Muskeltraining** bringt oft Besserung, denn wenn der Beckenboden ganz gezielt angespannt wird, nimmt die übermäßige Aktivität des Blasenmuskels reflektorisch wieder ab. Und bevor man – in schweren Fällen ratsam – Medikamente nimmt, kann man versuchen, den Reflex durch ein **Trink- und Toilettentraining** »umzuprogrammieren«:
> Verteilen Sie die Trinkmenge möglichst gleichmäßig über den Tag.
> Wenn Sie nachts mehrfach rausmüssen: nach 18 Uhr nichts mehr trinken!
> Kaffee enthält Stoffe, die die Blase provozieren – also lieber weniger davon.
> Lassen Sie sich nicht von Ihrer Blase terrorisieren. Rennen Sie nicht sofort los – besonders wichtig dann, wenn Sie die Toilette manchmal nicht mehr rechtzeitig erreichen. Setzen Sie sich hin und versuchen Sie, sich entweder abzulenken, oder Sie aktivieren präzise Ihren Beckenboden, zählen bis 20 und reden freundlich mit Ihrer Blase: »Gleich, aber jetzt noch nicht.« Gehen Sie erst zur Toilette, wenn der Harndrang nachgelassen hat!

Mischinkontinenz

Ein überaktiver Blasenmuskel in Verbindung mit ungenügender Verschlusskraft ist kein Vergnügen – und leider nicht selten.

BECKENBODENTRAINING MIT HILFSMITTELN

> Es gibt zwei Verfahren mit Hilfe von Geräten, die ergänzend zu einem guten Beckenbodentraining eingesetzt werden können. Dabei führt man jeweils eine Sonde in die Vagina (oder den Anus) ein. Bei der **Elektrostimulation** regen leichte Stromreize den Muskel zu unwillkürlichen Kontraktionen an. Diese Behandlung ist bei bestimmten Indikationen sinnvoll, zum Beispiel wenn Nerven geschädigt sind. Beim **Biofeedback** spannt man den Beckenboden aktiv an und bekommt von dem Gerät eine Rückmeldung über leuchtende Lämpchen. Es ist ein sehr mechanisches Training, das keinerlei Bewegungsschule darstellt, aber in manchen Fällen weiterhelfen kann, zum Beispiel wenn der Beckenboden sehr verkrampft ist.
> **Vaginalkonen** (oder »Liebeskugeln«) trägt man täglich einige Zeit in der Vagina. Um das Herausgleiten zu verhindern, spannt der Beckenboden von selbst an. Damit er sich dabei nicht verkrampft, ist es günstig, sich viel zu bewegen – das Alltagstraining ist dafür ideal.

»Bestimmungsgemäßer Gebrauch«

Abgesehen von diesen typischen Beschwerden haben viele Frauen »unspezifische Missempfindungen« im Unterleib. Manche berichten auch, dass sie keinen sicheren Stand haben oder dass sie ihr Becken nicht richtig spüren, so als wäre da ein weißer Fleck auf der Körperlandkarte.

Was es auch sei – aktivieren Sie Ihren Beckenboden! Probieren Sie es einfach aus. Erstaunlich oft hilft das Training sogar in Fällen, wo kein ursächlicher Zusammenhang erkennbar ist, wie bei häufigen Blasenentzündungen. Das Schöne ist: Es kann nie schaden, denn wir streben ja »nur« an, dass unser Körper seine ganz natürliche Funktionsweise zurückgewinnt. Deshalb sind auch die Nebenwirkungen ausnahmslos erfreulich!

Lernen Sie, Ihren Körper so zu benützen, wie er konstruiert ist. Das erhält ihn gesund oder hilft ihm dabei, es wieder zu werden. Die Gebrauchsanweisung dazu finden Sie in diesem Buch. »Bestimmungsgemäßer Gebrauch« – das bedeutet auch, dass die Übungen kein Selbstzweck sind, sondern nur eine Unterstützung am Anfang, um diese aktive Bewegungsweise zu lernen. Benützen Sie Ihren Beckenboden, dann trainieren Sie ihn – den ganzen Tag.

TIPP

MÄNNER UND IHR BECKENBODEN

Männer bis zum mittleren Alter haben kaum Probleme mit dem Beckenboden. Zumindest keine, die sie ihm zuordnen würden! Aber laut einer aktuellen Studie haben 7 % aller Männer in Deutschland »unspezifische Schmerzen« im Becken, die mit zu viel Spannung im Beckenboden in Verbindung gebracht werden. Denn gerade weil Männer so eine kräftige Muskulatur da unten haben, neigen sie dazu, im Becken sehr fest zu werden und unmerklich völlig zu verkrampfen. So ein Zustand kann weder für die Prostata noch für die Potenz günstig sein. Und auch nicht für die Lendenwirbelsäule. Mit einem Beckenbodentraining, das beweglich macht und die richtige Belastung beim Arbeiten und Sitzen lehrt, wird man(n) leistungsfähiger, entspannter und macht auch die Bandscheiben glücklich.

Männer jeden Alters sind herzlich eingeladen, den Beckenboden nicht allein den Frauen zu überlassen!

Gebrauchsanweisung für den Körper

Setzen Sie sich bei Gelegenheit einmal in ein Straßencafé und beobachten Sie die Menschen, die vorübergehen. Wie viele haben einen flotten, irgendwie inspirierenden Gang? Oder ist es bei vielen eine Art Schleichen in Variationen? Ein Absacken? Oder ein In-den-Boden-Hacken?

Modernes Leben – und ein Körper mit Genen aus der Steinzeit

Aber mal ehrlich. Wozu braucht man denn einen lebendigen, federnden Gang, wenn die Böden, auf denen wir uns tagein, tagaus bewegen, mausetot sind? Ob Teerstraße, Büroflur oder Wohnzimmerparkett, alles ist völlig eben, die aufregendsten Ereignisse sind die Bauklötze der Kinder oder die Netzwerkkabel der

Computeranlage. Und darüber stolpert man dann auch tatsächlich, weil keiner mehr gewöhnt ist, die Beine zu heben, ja überhaupt auf die Füße zu achten. Und die meiste Zeit des Tages verbringt man sowieso im Sitzen.

Es gibt ein einfaches Prinzip in der Biologie: Was benötigt wird, wird gefördert, was nicht benötigt wird, abgebaut. Vögel auf Inseln ohne Feinde verlieren ihre Fähigkeit zu fliegen, und Menschen in einer Umwelt ohne Herausforderungen für den Bewegungsapparat verlieren die Fähigkeit, sich dynamisch und anpassungsbereit zu bewegen. Das ist tragisch für den Beckenboden. Unser Bewegungszentrum verfällt in Teilnahmslosigkeit, in den Schlapp-Modus. Das bedeutet, dass der Beckenboden zu sehr geöffnet ist oder sich verkrampft. Auf jeden Fall verliert er seine pulsierende Lebendigkeit.

Schön und gut, könnte man sagen, das ist der Preis unserer Zivilisation. Sollen wir vielleicht zurück in den Urwald, über Baumstämme klettern und durchs Dickicht robben? Natürlich nicht. Aber wir haben wirklich ein Problem. Wir sind an die moderne Umwelt, die wir uns erschaffen haben, nicht angepasst. So schnell ist die Evolution nicht. Noch vor ein, zwei Generationen waren die Menschen ständig in Bewegung. Sie sind Dutzende Kilometer zu Fuß gelaufen, saßen selten auf Stühlen und haben viel körperlich gearbeitet. Der menschliche Körper ist im Prinzip auf dauernde Bewegung ausgelegt. Und was die Evolution über Jahrmillionen entwickelt hat, lässt sich nicht einfach ignorieren. Es hilft alles nichts: Wenn wir unseren Körper bis ins hohe Alter gesund und lebensfrisch erhalten wollen, müssen wir lernen, uns in einer Umwelt körpergerecht zu verhalten, die uns dabei sehr schlecht unterstützt.

Warum wir die Faulheit so lieben

Faulsein und fettes, süßes Essen – beides lieben wir aus dem gleichen Grund: Während der ganzen bisherigen Menschheitsgeschichte waren Ressourcen, sprich Nahrungskalorien, knapp, und man musste jeder einzelnen nachlaufen. Ökonomie war überlebenswichtig, bloß keine energieraubenden, überflüssigen Bewegungen! Da Überfluss so selten war, haben wir auch keine Widerstände dagegen entwickeln müssen, uns ständig zu überfressen oder hemmungslos zu faulenzen. Es war einfach nicht nötig.

Und jetzt, im dauernden Überfluss, verhalten wir uns – evolutionär gesehen – wie unerfahrene, verführbare Teenager. Und finden, dass sich ein Couch-

Gebrauchsanweisung für den Körper

Potato-Dasein und große Eisbecher mit Sahne richtig toll anfühlen! Klar. Um aber gesund zu essen und uns angemessen zu bewegen, müssen wir erst ein vernünftiges Erwachsenenverhalten erwerben – mit Wissen, ein bisschen Willen zur Veränderung und einem neuen Gefühl dafür, was unserem Körper wirklich guttut: die leckeren Kalorienbomben sparsam zu genießen und uns durch »anstrengende« ballaststoffreiche Nahrungsmittel durchzukauen; die verführerischen Bequemlichkeiten sein zu lassen – in den zweiten Stock mit dem Lift fahren, für alles ein Haushalts- oder Gartengerät, zum Bäcker um die Ecke mit dem Auto – und einfach körperlich aktiver zu sein.

Ungünstige Arbeitsverteilung

Der Schlapp-Modus hat Folgen, aber dummerweise zuerst keine spürbar schlechten. Der Tonus der Muskulatur wird schwächer, und man fühlt sich angenehm entspannt. Unser Körper sinkt in eine Art Halbschlaf. Nur – wenn man so seinen Tag bestreitet, dann drückt alles nach unten, anstatt dynamisch nach oben zu streben. Die Körperhaltung ist rund, der Beckenboden ist zu schlaff. Wenn jetzt Druck von oben kommt, trifft es ihn völlig ungeschützt. Wenn das alles lange genug andauert, machen es sich Blase, Gebärmutter oder Darm »gemütlich« und verlagern sich nach unten. Der Schlapp-Modus wirkt sich vielfältig nachteilig aus. Er ruiniert unsere Haltung, die Bewegungen sind unelegant, man wird träge, in Folge davon kurzatmig und kämpft ständig gegen das Hüftgold. Oder man »reißt sich zusammen«. Dies ist auch sehr häufig und genauso schädlich. Es ergibt sich eine rigide Körperhaltung mit zu viel Daueranspannung. Die Bewegungen sind zwar nicht schlapp, aber dafür mechanisch, steif, zackig, kontrolliert, unlebendig.

Schön bequem ...? Dabei ist das Leben im Schlapp-Modus eigentlich mühsamer. Spürbar leichter geht's mit aktivem Beckenboden.

Die meisten Menschen spüren irgendwie, dass das alles nicht gut ist, und folgen den Empfehlungen: Tun Sie etwas! Bewegen Sie sich! Die Parks und Wälder sind voll von Menschen, die man am liebsten anhalten möchte, um ihnen zu sagen: »Stopp, nein, nicht so! Das kann nicht gesund sein, so wie Sie laufen!« Denn ein Körper, der an die Faulheit so richtig gewöhnt ist, der wacht nicht auf, nur weil man ihm Joggingschuhe über die Füße stülpt.
Ein Körper im Schlapp-Modus neigt einfach dazu, ungünstige Muskulatur einzusetzen. Der Rücken wird krumm gemacht, die Knie durchgedrückt, die

› »Entbequemisieren« bedeutet nicht, dass man den ganzen Tag wie ein Hamster im Laufrad herumrennen soll. Kultivieren Sie bewusst genussvolle Pausen als Inseln in einem aktiven Tag!

Bauchpresse als Stabilisator des Rumpfes missverstanden, der Po zusammengekniffen. Dadurch schadet man sich beim Sport unter Umständen mehr, als man sich Gutes tut. Und körperliche Arbeit macht keinen Spaß. Dann wird die Schlussfolgerung gezogen, dass Sport doch Mord ist und man sich anstelle des Fitness-Abos lieber eine Putzfrau gönnt.

Dabei ist es im Prinzip einfach: Die Arbeit muss umverteilt werden. Der Beckenboden muss mehr arbeiten – und Muskelarbeit ist das beste Training! Dann wird der Rücken entlastet, der Bauch durch die Stärkung der Tiefenmuskulatur »von innen« straffer. Und das Ganze ist keine Sache, die man eine Viertelstunde pro Tag trainiert, sondern eine Lebenshaltung.

»Entbequemisieren« – Plädoyer für ein bewegtes Leben

Klingt anstrengend? Dann sollten wir über die Belohnung sprechen. Sie handeln sich jede Menge positive Nebenwirkungen ein. So viele Fliegen werden Sie selten mit einer Klappe erwischen:

- Sie halten Ihren Beckenboden gesund beziehungsweise stärken ihn – um Beschwerden wie Blasenschwäche vorzubeugen oder sie zu bessern.
- Sie schützen nebenbei wirkungsvoll Ihren Rücken.
- Ihr gesamter Bewegungsapparat profitiert von mehr Bewegung: Füße, Knie, Hüften, Schultern, Halswirbelsäule.
- Sie haben richtig Lust darauf, mehr Sport zu treiben.
- Die Venenpumpe der Beine kommt auf Touren, was Krampfadern vorbeugt.
- Die Muskulatur am ganzen Körper wird unmerklich gekräftigt.
- Dass die Fettverbrennung angekurbelt wird, ist sicher auch kein Schaden.
- Sie aktivieren Ihr Vitalitätszentrum und Ihren Geist, was Sie wacher, fitter, leistungsfähiger und fröhlicher sein lässt.
- Sie riskieren mehr Spaß und Energie in der Sexualität.
- Erwarten Sie positive Auswirkungen auf die Psyche. Verstimmungszustände, prämenstruelles Syndrom oder Wechseljahrsbeschwerden bessern sich oft.

Klingt trotzdem nach Aufraffen-Müssen? Keine Sorge. Sobald Sie sich an eine höhere Grundaktivität gewöhnt haben, macht es absolut keine Mühe mehr. Sie müssen sich nicht mehr aufraffen, weil Sie nicht mehr zusammensacken! Sie werden den ganzen Tag mühelos aktiv und am Abend dafür angenehm müde sein. Sie werden Ihr Leben mehr genießen, denn dieser Rhythmus ist gesund. Außerdem ist dies kein Entweder-oder. Jedes bisschen mehr Aktivität ist gut für Sie. Fangen Sie am besten gleich an.

Wie wir Bewegung lernen und steuern

Sie möchten das alles gerne, haben aber Zweifel, ob es auch klappt, sich an eine neue Bewegungsweise zu gewöhnen? Keine Bange. Wir gehen wirklich körpergerecht vor. Sie werden es leicht lernen. Denn wir orientieren uns daran, wie wir Menschen das von Natur aus machen.

Dazu ein kleiner Ausflug in die Biologie: Tiere haben es in puncto Bewegung leicht. Bei ihnen sind perfekte Abläufe fest einprogrammiert. Da gibt es nichts zu lernen. Ein Tiger im Zoo ist nach Jahren vielleicht verhaltensgestört, aber sein Gang immer noch so geschmeidig wie im Dschungel.

Bei uns Menschen ist das anders. Unsere Art, Bewegungen zu lernen und zu steuern, ist nicht instinktiv – und deshalb sind Fehler möglich. Dafür können wir im Gegensatz zu den Tieren die irrwitzigsten neuen Bewegungen lernen, zum Beispiel ein Musikinstrument spielen.

Nachmachen oder ein Ziel verfolgen

Wie funktioniert das nun, eine neue Bewegung zu lernen? Es gibt zwei gute Methoden: Imitation oder Orientierung an einem Ziel. Schwierig dagegen ist es für uns über detaillierte Einzelanleitungen »Kopf an Muskel«. Haben Sie schon einmal einen Kurs besucht, wo Sie so viele Anweisungen zu einer Übung bekommen haben, dass Sie gar nicht mehr wussten, wie Sie es machen sollen, und total frustriert waren? »Und jetzt den Ellenbogen noch etwas höher und die Knie dahin und den Nacken dorthin und, und, und …« Wenn ein Kursleiter es korrekt vormacht und man ihm einfach nachturnen kann, hat man eine gute Chance, die Übung trotzdem zu lernen – durch Imitation. So lernen Kinder ja auch von ihren Eltern.

Die zweite Methode, um sich neue Bewegungsabläufe anzueignen, ist die Orientierung an Zielen. Dazu brauchen wir …
- eine Erklärung, die uns »in die Nähe der richtigen Bewegung« bringt,
- ein vorgegebenes Ziel.

Wenn Sie einem Kind am Telefon (sonst würden Sie es vormachen) helfen wollen, einen Schraubverschluss aufzubekommen, gehen Sie genauso vor: Sie geben eine ungefähre Erklärung, wie es die Flasche halten und was es tun muss. Irgendetwas mit Drücken und Drehen. Das ersehnte Ziel ist klar: an den Inhalt der Flasche herankommen!

Die Feinabstimmung, wie man dieses Ziel erreicht, übernimmt dann der Körper – und koordiniert es in Zukunft automatisch. Wissen Sie etwa genau, welche Muskeln Sie bewegen, wenn Sie einen Schraubverschluss öffnen? Und doch gelingt es jedes Mal mit großer Sicherheit, oder?

Das erste Ziel: ein gutes Gefühl

Auf das Beckenbodentraining angewandt, bedeutet dies: Sie bekommen absichtlich keine supergenauen Details und Einzelkorrekturen, sondern Anleitungen, die Sie »in die Nähe der richtigen Bewegung« bringen. Dies geschieht mit Hilfe der aktivierenden Bewegungsprinzipien. Das dritte Kapitel des Praxisteils ist ihnen ausführlich gewidmet.

Gebrauchsanweisung für den Körper

Das erste Ziel, um das es geht, ist ein inneres: Orientieren Sie sich daran, wie sich Ihre Bewegungen anfühlen sollen – kraftvoll, wirksam und leicht, vielleicht anstrengend, aber nie erschöpfend. Lassen Sie sich von guten Gefühlen leiten: Wenn Sie munterer dabei werden, sind Sie auf dem richtigen Weg. Wenn Sie oben am Ende der Treppe guter Laune sind, machen Sie es richtig.

Und die Feinabstimmung, wie die Bewegung ganz genau geht, übernehmen Sie selbst. Dies fordert Ihren Körper ständig dazu auf, die Details selbst herauszufinden, ist also die vielbeschworene »Hilfe zur Selbsthilfe«. Sobald Sie verstehen und erleben, wie wirksam und lustvoll jede Art von körperlicher Aktivität sein kann, wird Sie nichts mehr aufhalten, sich Ihre umfassende Bewegungskompetenz zurückzuerobern.

Und Sie bewahren Ihren eigenen Stil. Diese Art zu lernen lässt Raum für Individualität. Körpergerechte Bewegung bedeutet nicht, dass sie bei jedem gleich aussieht. Ihr Körper bekommt durch den aktiven Beckenboden mehr Freiheit, dadurch wird seine Sprache akzentuierter und Ihr Selbstausdruck stärker.

Wache Körperwahrnehmung

Mit Hilfe der aktivierenden Bewegungsprinzipien kommen Sie »in die Nähe der richtigen Bewegung«. Und für die Feinabstimmung benötigen Sie eine wache Körperwahrnehmung. Schulen Sie sie gut! Fragen Sie sich immer: Wie fühlt es sich wirklich an?

Wann war Ihre letzte »Gewaltaktion«, als Sie während des Arbeitens schon gespürt haben, dass etwas nicht stimmt, und Sie trotzdem weitergemacht haben? Danach waren Sie vermutlich eher total kaputt und kreuzlahm als angenehm »ausgearbeitet«. Denn die große Freiheit, die uns die menschliche Bewegungssteuerung bietet, hat den Pferdefuß, dass man sich auch komplett unergonomisch bewegen kann. Unser Körper ist zwar robust und flexibel, er toleriert unglaublich viel. Aber nicht alles. Chiropraktiker und Orthopäden leben gut davon.

Wenn Sie mit rundem Rücken heben und wirklich hinspüren, dann merken Sie, dass es nicht guttut. Nehmen Sie sich Zeit und probieren Sie aus, bis Sie eine Variation finden, die sich gut anfühlt. Bewegung mit aktivem Beckenboden ist kraftvoll und leicht. Wenn Sie so richtig Lust an der Kraft spüren, dann haben Sie gewonnen. Dieses Gefühl werden Sie in Zukunft immer suchen!

Damit fühlen Sie sich groß, Ihre Bewegungen werden mühelos, sind stark und wirksam. Und Sie werden staunen, für wie viele früher gehasste Bewegungen Sie plötzlich Alternativen finden, die viel leichter gehen und damit auf einmal sogar Spaß machen.

Motivation – Ziele, Lust und Disziplin

Es gibt immer noch Menschen, die dem alten Aberglauben anhängen, man könne sich über Disziplin wirksam motivieren. Disziplin hat immer Angst mit im Gepäck – wenn du das nicht tust, passiert etwas Schlimmes. Es mag eine Zeit lang funktionieren, macht aber keine Freude. Genauso wenig, wie wenn man etwas aus Leidensdruck tut. Deshalb wird man letztlich immer loswerden wollen, wozu man sich zu disziplinieren versucht. Motten Sie Ihr schlechtes Gewissen, dass Sie sich nicht zu Beckenbodenübungen disziplinieren können, am besten gleich ein. Menschen motivieren sich wirksam nur über Lust, so ist das nun einmal. Im Sport kann das die Freude an der Bewegung oder am geselligen Ereignis sein. Frische Luft und Sonne zu tanken ist lustvoll, so wie das Runner's High beim Laufen. Und Ziele zu erreichen, ob einen Wettkampf zu gewinnen oder einen Berg zu besteigen, ist auch eine Form von Lustgewinn.

Sie laden die Lust zu üben ein, indem Sie sich jedes Mal, wenn Sie es tun, ausdrücklich dafür loben – anstatt sich auszuschimpfen, wenn Sie es nicht getan haben.

Wir wollen wirksam sein. Wir wollen keine Muskeln anspannen, nur damit wir Muskeln angespannt haben. Das ist der Grund, warum man oft keine Lust hat, Übungen zu machen: Sie befriedigen unsere unbewusste Körperintelligenz nicht, denn sie produzieren kein sichtbares Ergebnis. Am Gipfelkreuz zu stehen, einen Holzstapel aufgeschichtet oder einen Ball weit geworfen zu haben, das sind Ergebnisse. Unser Körper will nichts Sinnloses tun. »Mach diese Übung, die ist gut für dich«, funktioniert nur mäßig. Entweder sie bereitet Ihnen aus irgendeinem Grund Lust, oder Sie werden sie über kurz oder lang sein lassen.

Das macht die Integration des aktiven Beckenbodens in den Alltag doppelt sinnvoll. Denn all das, was Sie sowieso tun müssen, sind echte Ziele und Ergebnisse. Und wenn Sie es mit der richtigen Koordination machen, garantiere ich Ihnen auch die Lust dazu, die aus der Freude an der Bewegung kommt.

ALLTAGSTRAINING – IDEAL FÜR JUNGE MÜTTER

Ein Interview mit Dr. med. Thomas Villinger, der eine große Frauenarztpraxis mit Schwerpunkt Geburtshilfe in München leitet.

Warum werden in Ihrer Praxis Kurse »Beckenboden im Alltag« angeboten?

Weil ich diesen speziellen Ansatz für besonders sinnvoll halte. In der Praxis sehe ich oft junge Frauen mit Senkungen nach Schwangerschaften – zuerst haben sie keine Zeit für Rückbildungsgymnastik, dann schreiben sie sich Übungen auf, machen sie ein paar Mal, und dann geht es wieder unter. Aber Alltagsübungen wie Treppensteigen oder richtiges Heben, das ist lebensnah und wird gemacht. Außerdem passt ein ganzheitliches Beckenbodentraining hervorragend in unsere Behandlungsphilosophie – die vier Säulen der Gesundheit: Auf einer soliden schulmedizinischen Basis, vor allem der Diagnostik, versuchen wir, unsere Patientinnen wieder in ihr Gleichgewicht zu bringen. Dazu gehören die Suche nach den Ursachen, bewusste Ernährung, naturheilkundliche Unterstützung und eben Körperarbeit.

Welchen Frauen empfehlen Sie das Beckenbodentraining?

Ich überprüfe den Beckenboden bei jeder Routineuntersuchung, besonders nach Geburten von großen Kindern. Wenn ich per Tastbefund oder Ultraschall feststelle, dass der Beckenboden zu schwach ist, lege ich den Frauen ans Herz, etwas zu tun. Die haben zwar teilweise noch keine Probleme, aber sie sollen ja auch keine bekommen.

Wie profitieren Ihre Patientinnen vom Beckenbodentraining?

Der Beckenboden wird tatsächlich fühlbar besser, die Beschwerden gehen zurück – vor allem bei aktiven Patientinnen. Die berichten auch, dass sie wieder mehr Energie haben. Oft sieht man das sogar sofort an der Körperhaltung – die wirkt spannungsvoller und lebendiger.

Auf welche Anzeichen sollten Frauen Ihrer Erfahrung nach achten?

Wenn ein Inkontinenzproblem besteht, egal ob nach einer Geburt oder mit den Wechseljahren, ist es klar, dass Beckenbodentraining ansteht. Ich kann nur empfehlen, sofort damit anzufangen, auch wenn es »nicht so schlimm« ist. Nicht schieben und abwarten, von allein wird es nicht besser. Auch wenn Frauen sich kraftlos und überfordert fühlen, ist das Training hilfreich. Ich freue mich über jede Patientin, die Verantwortung für ihre Gesundheit übernimmt!

Die Bewegungskompetenz zurückerobern

Sie haben Lust bekommen, es zu probieren? Super. In diesem Kapitel erhalten Sie weitere Infos darüber, was zu einem Leben mit aktivem Beckenboden gehört – und den genauen Fahrplan dahin.

Leben mit aktivem Beckenboden

Ohne Gehen geht es nicht

Gehen Sie! Unser Körper ist dafür gemacht. Gewöhnen Sie sich tägliche Wege an, wenn Sie keine haben. Nicht nur Hunde brauchen ihren Auslauf.
Lernen Sie, den Beckenboden beim Laufen stärker einzusetzen, mehr Energie in Ihren Gang zu bekommen und mehr Geschmeidigkeit. Dann werden Sie bemerken, dass Sie aufhören, Schritte zu sparen. Es wird Ihnen eine Freude

Die Bewegungskompetenz zurückerobern

werden zu gehen, ob langsam oder schnell. Und Sie können auf dem Weg von der Bushaltestelle bis zum Büro Ihr Trainingspensum für den Beckenboden einfach nebenbei erfüllen.

Den Körper fordern

Sobald der Körper vor einer echten Herausforderung steht, spätestens wenn es für ihn gefährlich wird, schaltet er den Beckenboden automatisch ein. Die fantastische Körperkoordination von Athleten, Akrobaten und Tänzern hängt damit zusammen. Es gibt zwei Arten der Herausforderung, die wir für ein Alltagstraining wunderbar nutzen können:

- **Unsicherer Untergrund:** Alles, was uns aus dem Gleichgewicht bringt, ruft die instinktive Reaktion unseres Körpers hervor. Wir reißen die Arme hoch, um einen drohenden Sturz abzufangen, und der ganze Bewegungsapparat wird wie unter Strom gesetzt – auch der Beckenboden. Deswegen ist zum Beispiel einfaches Balancieren eine wundervolle Methode, um ihn einzuschalten. So wie langweilige Untergründe Beckenböden einschlafen lassen, werden sie von Mäuerchen, die als Schwebebalken dienen, oder von holperigen, durchwurzelten Waldwegen aufgeweckt.
- **Schweres bewegen:** Gewichte fordern den Körper auf ganz andere Art – und sind zudem eine reale Aufgabe, ein konkretes Ziel. Unnötig zu erwähnen, dass Gewichte zu heben auch eine echte Gefahr für Rücken und Beckenboden bedeutet. Eine gute Koordination des Körpers ist sehr wichtig! Wenn Sie verinnerlicht haben, was Sie in Kapitel 3 und 6 kennen lernen, kann Ihnen nicht mehr viel passieren – damit schützen Sie Beckenboden und Rücken optimal.

... ohne ihn zu überfordern

Wenn Sie Ihren Körper auf gute Art und Weise fordern, erleben Sie, wie in ihm eine flexible Grundspannung entsteht, die Sie aufspannt und stark macht. Damit können Sie alle Bewegungen meistern, nicht nur die, die nachfolgend beschrieben und bebildert sind. Denn dieses Buch soll ja kein klassisches Übungsbuch sein, sondern Sie befähigen, Ihr ganzes bewegtes Leben von Grund auf gesund zu gestalten.

Darum: Werden Sie nicht leichtsinnig, aber geben Sie Ihrem Körper ruhig Gelegenheiten, auch Schwieriges auszuprobieren. Fordern Sie Ihren Körper, ohne ihn zu überfordern. Letzteres passiert vor allem dann, wenn Sie nicht genug auf seine Signale achten. Lernen Sie, ihm besser zuzuhören. Er erzählt Ihnen jederzeit, wo Ihre Grenzen liegen, wie viel Entspannung er braucht, aber auch, wie schön es ist, etwas zu leisten. Damit ernten Sie tiefes Wohlbefinden – und Ihr Beckenboden bleibt ganz nebenbei Ihr Leben lang fit und aktiv.

Körperlich arbeiten

Sicher kennen Sie die Erfahrung, dass man sich nach einer körperlichen Strapaze – wie einem Umzug oder einer Skitour – auch irgendwie toll fühlt, so richtig müde. Körperliche Arbeit kann ein willkommener Ausgleich für geistige Daueranforderungen sein. Und dann kommen einem die besten Ideen plötzlich beim Bügeln oder Garten-Umgraben. Ausdauernde, leichte, abwechslungsreiche Bewegung mit gelegentlichen Belastungsspitzen ist ideal für unseren Körper – und gesund.

Wir schaffen uns mit Putzfrau und Gärtner nicht nur lästige Aufgaben vom Hals, sondern bringen uns systematisch um die Chancen, uns zu bewegen. Das heißt jetzt nicht, dass Sie das Fundament für Ihr Haus selbst betonieren sollen. Aber wenn Sie sich im angemessenen Rahmen auf gute Art und Weise körperlich bewegen, dann werden Sie Bewegung an sich immer mehr genießen, ob es jetzt eine Fun-Sportart oder Laub-Zusammenrechen ist.

Zugegeben, den Hausputz zum »Cleaning-Workout« zu erklären, wäre nur ein matter Versuch, das Ganze lifestylig klingen zu lassen. Motivieren würde das nicht wirklich. Aber es geht hier nicht um Lifestyle, sondern um eine natürliche, effektive Bewegungsweise. Und Sie werden belohnt – denn mit aktivem Beckenboden können unvermeidliche Arbeiten auf einmal Spaß machen.

Die Grenzen kennen

Wenn Sie sich nach dem Lesen des letzten Absatzes plötzlich ganz müde fühlen, sollten Sie sich fragen, ob Sie die innere Haltung haben: »Wat mutt, dat mutt.« Neigen Sie dazu, tief zu seufzen und »das auch noch schnell zu erledigen«? Dann sollten Sie lernen, mehr auf Ihren Körper zu hören und die Grenzen Ihrer Leistungsfähigkeit zu respektieren. Denn wenn Sie sehr erschöpft sind und sich zur Arbeit zwingen, dann besteht die Gefahr, dass Sie entweder

Bewegungskompetenz

> Nützlich: Hausarbeit mit aktivem Beckenboden ist effektiver und kann sogar Spaß machen.

zusammensacken und Ihre letzten Reserven damit plündern – oder dass Ihr Körper verhärtet und in eine gnadenlose Daueranspannung gerät. Natürlich entwickeln Sie dann Unlust und Unwillen der Arbeit gegenüber. Fragen Sie sich, ob es nicht doch möglich ist, das eine oder andere zu lassen – und dann tun Sie den Rest gerne und mit aktivem Beckenboden. Dies ist besonders wichtig, wenn Frauen mit einer Senkung den ärztlichen Rat bekommen, nicht zu schwer zu heben. Diese Aussage ist schön und gut, aber leider ziemlich unnütz. Was tut man, wenn man beruflich heben und tragen muss oder eine Mutter mit drei Kindern ist? Und woran erkennt man, was man noch heben darf und was bereits zu schwer ist? Soll man denn alles stehen lassen? Diese Verunsicherung führt oft dazu, dass Frauen überhaupt nichts an ihren Gewohnheiten verändern – sie haben jetzt nur zusätzlich noch ein schlechtes Gewissen.

Maßstab Beckenboden

Es gibt eine ganz einfache Orientierung: Was Sie mit korrekt aktiviertem Beckenboden heben können, ist okay. Sobald Sie Ihren Beckenboden nicht mehr halten können und er nachgibt, ist es zu schwer.
Wenn Sie auf gute Haltung achten, die Kraft aus dem Beckenboden holen und wachsam bleiben, wo es Ihnen zu viel wird, werden Sie sich mit körperlicher Arbeit nur Gutes tun.

Warum das Entspannen so wichtig ist

Ganz einfach: weil wir es zu wenig tun, weil wir zu wenig wirklich gute, tiefe, regenerierende Entspannung bekommen. Natürlich und ideal wäre es, tagsüber körperlich aktiv zu sein und nachts ausgiebig auszuruhen und zu schlafen. Aber unser modernes Leben macht diesen Rhythmus zu Brei: Wir schlappen uns im Stehen, Gehen und Sitzen durch den Tag. Wenn der Körper derart passiv ist, sprudelt die Quelle der Lebensenergie nicht gerade intensiv, und für mentale Höchstleistungen muss man mit Kaffee oder anderen Wachmachern nachhelfen. Am Abend ist man geistig dann oft überdreht, der Körper hingegen unausgelastet und schlichtweg nicht richtig müde. Dieses Missverhältnis kann ein Grund für Schlafstörungen sein.

Viele Menschen haben es verlernt, sich zu entspannen, sowohl geistig als auch körperlich. Dann muss man sich »zusammenreißen«, um weiter Leistung zu bringen, und gerät vom Schlapp-Modus direkt in eine hohe Daueranspannung. Körper, Geist und Seele brauchen aber Pausen, um sich zu regenerieren, um nicht nur zu funktionieren, sondern um mit Freude aktiv zu sein.

> Erlauben Sie sich, liebevoll mit sich umzugehen und es sich wirklich gemütlich zu machen. Üben Sie sich darin, Ihre Gedanken freundlich zu beobachten und sie so gut es geht loszulassen.

Die Bewegungskompetenz zurückerobern

Ein Loblied auf den Schlaf

Geben Sie Ihrem Körper Raum für wirkliche tiefe Ruhe und Entspannung. Weniger Fernsehen, dafür lieber ein flotter Abendspaziergang und zeitig ins Bett. Ein kurzes Mittagsschläfchen zur Zeit Ihres Nachmittagstiefs. Das ist gesund, und Sie vermeiden damit die schleichende Dauererschöpfung. Wenn Sie sich mehr tatsächliche Erholungszeiten gönnen, wird es Ihnen leichtfallen, Ihren Beckenboden den ganzen Tag aktiv zu halten. Und am Abend sind Sie dann angenehm müde und schlafbereit. Sie werden körperlich und geistig leistungsfähiger – und auch noch Spaß daran haben.

Bereit sein für Gefühle

Das Becken als Bewegungszentrum bewegt sich – normalerweise. Ein möglicher Grund, es unbewusst lieber »stillzustellen«, ist, dass man dann weniger fühlt. Man nimmt sein Becken nicht wahr – und die damit vielleicht verbundenen Schmerzen. Viele Frauen haben auch Angst davor, erotische Signale auszusenden. Das Becken nun in Bewegung zu bringen kann einiges auslösen. Dieses Buch ist ein Fitness-Ratgeber. Wenn Sie es aber wollen und zulassen, kann es auch ein Selbsterfahrungsbuch sein.

Fragen, die Sie tiefer führen

> Bei den Kraftübungen können Sie sich fragen: Ist es okay für mich, Power zu haben? Passt es zu meinem bisherigen Selbstbild?
> Bei den sanften Übungen: Kommt Traurigkeit hoch, vielleicht Erinnerungen an alte Verletzungen?
> Bei den Beckenbewegungen: Stellen sich abwertende oder abwehrende Gedanken zur Sexualität ein?

Die natürliche Beckenbewegung ist kein sexy Hüftenschwingen, sondern eine anmutige, geschmeidige Lockerheit, die ausstrahlt, dass hier ein Mensch mit seinem Körper in Harmonie ist. Und weil Körper und Seele miteinander in Verbindung stehen, können Sie sich keinen superlockeren Gang antrainieren, wenn Sie mit Ihrem Becken nur Unangenehmes verbinden. Aber wenn Sie sich in Ihrem Becken immer wohler fühlen, wenn Sie »nach Hause kommen« in diesen oft traumatisierten Teil des Körpers, werden Sie auf mehr als der körperlichen Ebene Heilung erfahren.

Und atmen bitte!

Im Schlapp-Modus atmet man nur flach. Aber Sie haben mehr Luft verdient und damit mehr Lebendigkeit, denn Atem ist Leben. Ob man jedoch beim Anspannen des Beckenbodens ein- oder ausatmen soll, daran scheiden sich oft die Geister. Die meisten Menschen atmen beim Anspannen ein. Was ist richtig? Wenn Sie sich am Abend eines langen, anstrengenden Tages aufs Sofa sinken lassen, entweicht Ihrer Kehle vermutlich ein langes, tiefes Aaaaahhhhhh… Um loszulassen, sei es körperliche Anspannung oder seelische, hat die Menschheit den Seufzer erfunden. Mit dem Ausatmen zu entspannen ist natürlich und wird von niemandem in Frage gestellt.

Und anspannen tut man dann mit dem Einatmen? Wäre das nicht logisch?

● Stellen Sie sich vor, Sie gehen flott die Straße entlang, und plötzlich stößt unmittelbar vor Ihnen ein LKW rückwärts aus einer Einfahrt. Was tun Sie, ohne die leiseste Chance, überhaupt darüber nachzudenken? Ein scharfes, schnelles Einatmen füllt Ihre Lunge, und Ihre gesamte Muskulatur spannt sich an. Diese Vordehnung und das Luftholen sind die normale, instinktive Reaktion auf Gefahr. Ihr Körper macht sich bereit, im nächsten Augenblick wegzurennen oder anzugreifen.

● Stellen Sie sich vor, Sie versuchen mit anderen zusammen, einen mit Pflastersteinen voll beladenen Anhänger zu schieben. Alle bringen sich in Position, und dann geht es los: »Hau ruck, hau ruck …« Bei »hau« atmen Sie ein und bei »ruck« aus, oder? Man kann die Luft auch anhalten dabei, aber günstiger ist es, Schweres mit dem Ausatmen zu bewegen. Denken Sie nur an Tennisspieler, die bei jedem Schlag laut keuchen, oder an Gewichtheber, die beim Hochstemmen geräuschvoll die Luft ausstoßen, oder an das »Ki Ai« der Kampfsportarten.

Es ist also beides richtig, abhängig von der Situation. Mit der Einatmung anzuspannen und mit der Ausatmung loszulassen ist sozusagen Schreck – Erleichterung – Schreck – Erleichterung. Es ist nicht falsch, ganz und gar nicht. Es ist nur nicht so zweckmäßig wie der »Arbeitsatem«.

Rein physiologisch betrachtet bewegt sich beim Ausatmen das Zwerchfell nach oben, und der Beckenboden folgt automatisch – er zieht sich ein klein wenig nach innen oben. Wenn man den Beckenboden mit dem Ausatmen anspannt, folgt man dieser natürlichen Bewegung nach innen. Und da das Ausatmen dem Körper Entspannung signalisiert, ist Muskelanspannung in Verbindung

RÄUSPERN, HUSTEN, NIESEN, LACHEN …

Bei solchen körperlichen »Eruptionen« entsteht ein sehr hoher Bauchraumdruck, dem Sie unbedingt mit kräftigem Beckenbodenanspannen begegnen sollten. Wenn sich ein Niesen so ankündigt, dass Sie tief einatmen müssen, werden Sie vielleicht feststellen, dass sich der Beckenboden bereits gegen Ende der Einatmung anspannen will – und das ist genau richtig. Denn eine Nies-Explosion ist so gefährlich für Ihren Beckenboden wie im Beispiel auf Seite 38 der LKW für Sie. Da ist es günstig, wenn der Beckenboden in Vordehnung geht und schon beim Einatmen anspannt, damit er dann in maximaler Spannung ist, wenn die Bauchraumdruckwelle von oben kommt (siehe auch Alltagstipp Seite 83).

INFO

mit Ausatmen viel gesünder. Gerade bei schweren Arbeiten ist dies ein Schutz davor, den Atem anzuhalten, die Schultern hochzuziehen und fürchterlich zu verkrampfen.

Ausatmen bei Anstrengung

● Meine Empfehlung: Verbinden Sie alles, was irgendwie nach körperlicher Anstrengung riecht, mit dem Ausatmen. Ich halte es schlichtweg für angenehmer, das tätige Leben nicht als eine Abfolge von Schreck und Entspannung zu erleben, sondern als etwas, das man entspannt und souverän angeht.
Lassen Sie sich bei allem, was schwer ist, von Ihrem Arbeitsatem helfen. Sie werden sehen, Ihr Alltagsleben wird dadurch leichter.
● Für die Beckenbodenübungen gilt: Kombinieren Sie die anstrengenderen mit dem Ausatmen. Je weniger anstrengend, desto weniger wichtig die Atemkoordination. Klar – beim Gehen können Sie ja auch nicht bei jedem Schritt ausatmen.

● Und was tut man, wenn eine starke Beanspruchung länger anhält – wenn man zum Beispiel eine schwere Kiste ins Haus trägt? Heben Sie die Kiste mit dem Ausatmen hoch, und dann halten, halten, halten Sie Ihren Beckenboden, während Sie weiteratmen. Natürlich ist Ihnen jetzt keine tiefe Bauchatmung möglich, aber Sie können die Flanken dehnen, und der Brustkorb hebt sich.

So üben Sie mit diesem Buch

Genug der Vorrede. Jetzt geht es los. Hier ist der Fahrplan für alle – und anschließend einige genauere Informationen, wie Sie am besten vorgehen, je nachdem, wo Sie stehen.

Der Fahrplan in sechs Kapiteln

Damit erobern Sie sich Ihre volle Bewegungskompetenz – in sechs aufeinander aufbauenden Schritten, systematisch und körpergerecht.

Schritt eins: Kennen lernen

Sie kommen nach Hause – in Ihren Körper, in Ihr Becken. Gute Wahrnehmung ist die Grundlage für effektives Üben und tiefes Wohlfühlen.

Schritt zwei: Kraft entfalten

Sie spüren Ihre Kraft und die Lust daran! Um den Beckenboden präzise zu aktivieren, sind aufrechte Körperhaltung, funktionierende Muskelketten und eine verstärkende Atemkoordination wichtig.

Schritt drei: Die aktivierenden Bewegungsprinzipien

Sie schalten damit den Beckenboden fast von selbst ein und bringen ihn in eine flexible Grundspannung. Dies ermöglicht auch den mühelosen Dauereinsatz des Beckenbodens.

Schritt vier: Aktiv sitzen und stehen

Sie erleben, wie Sie das Sitzen und Stehen bewegt gestalten können. Damit bleibt Ihr Körper wach, und Sie sind den ganzen Tag über fit und aktiv.

Die Bewegungskompetenz zurückerobern

Schritt fünf: Dynamisch unterwegs

Sie erlauben Ihrem Körper, sich geschmeidig zu bewegen wie ein glückliches Tier. So werden Sie beim Gehen und Laufen Energie tanken.

Schritt sechs: Die Last zur Lust machen

Sie erobern sich Ihren ganzen Tag zurück. Alles, was beschwerlich sein könnte, ist wunderbar geeignet, durch eine dynamische Bewegungsweise zum kostenlosen Workout zu werden.

Für alle – Alles!

Die sechs Kapitel des Praxisteils entsprechen genau diesen sechs Schritten. Wenn Sie systematisch vorgehen wollen, ist es tatsächlich am besten, wenn Sie sich Seite für Seite vornehmen! Wobei Sie nicht alle Übungen mögen oder machen müssen. Wie Sie die Übungen für Ihren persönlichen Bedarf zusammenstellen können, finden Sie ab Seite 42.
Kapitel 1 bis 3 (ab Seite 48) sind die »allgemeine Gebrauchsanweisung« für den Beckenboden, die Sie verinnerlichen sollten. Nehmen Sie sich dafür so viel Zeit, wie Sie benötigen, denn das sind die Grundlagen. Dann werden Sie von Kapitel 4 bis 6 (ab Seite 86) – der ganz praktischen Alltagsanwendung – optimal profitieren. Hier wenden wir die aktivierenden Bewegungsprinzipien auf alle möglichen Bewegungsabläufe des täglichen Lebens an. So können Sie sie systematisch und gezielt erlernen.

> **TIPP**
>
> **LIEBE MÄNNER!**
>
> Wenn Sie mit diesem Buch üben möchten, dann lassen Sie sich bitte nicht davon beirren, dass in vielen Formulierungen die Frauen angesprochen werden. Sie können als Mann mit diesem Buch genauso üben.
> Auf Seite 43f. gibt es Übungsempfehlungen speziell für Sie!

Ganz einfach: die Alltagsintegration

Lesen Sie die Kapitel 4 bis 6 am besten erst einmal in einem Rutsch durch. Picken Sie sich dann etwas heraus, mit dem Sie beginnen. Ideal ist eine ganz konkrete Tätigkeit, die sowieso regelmäßig anfällt. Nehmen Sie sich nicht zu viel vor, dann ist es viel leichter, das auch wirklich täglich zu tun.

Die tägliche Routine als Helfer einspannen

Wenn Sie zum Beispiel 10 Minuten Fußweg von der U-Bahn zum Büro haben, erklären Sie diese eine Strecke zu Ihrem Übungsparcours. Oder die Treppe in den ersten Stock bei Ihnen im Haus. Oder Sie praktizieren aktives Stehen, immer wenn Sie vor dem Kindergarten auf Ihren Sprössling warten.
Achten Sie über einen Zeitraum von 2 bis 3 Wochen darauf, diese eine Sache konsequent mit aktivem Beckenboden zu tun. Sobald Sie merken, dass Sie es automatisch richtig machen, können Sie sich das nächste Thema vornehmen.

Schwerpunkte setzen – je nach Bedarf

Sie sind beckenbodengesund und wollen sich mehr Kraft und Energie für jeden Tag erobern

Beschäftigen Sie sich mit Kapitel 1 bis 3 so lange, bis es »Klick« macht. Behalten Sie Übungen daraus nach Lust und Laune bei, ansonsten nehmen Sie sich Kapitel 4 bis 6 vor (ab Seite 86).

Trainingsempfehlungen rund ums Muttersein

- **In der Schwangerschaft:** »Kennen lernen« (Kapitel 1) ist wichtig für Sie, vor allem das Einwiegen. Reine Kraftübungen sind weniger wichtig, außer dem Hochrollen (Seite 64) und dem Vierfüßler (Seite 68): Hier lernen Sie, sich mit langem Rücken kraftvoll aus dem Becken aufzurichten, damit der größer werdende Bauch Sie nicht ins Hohlkreuz zieht. Beim Tragen helfen Ihnen auch die Bewegungsprinzipien (Seite 70). Zum Ende der Schwangerschaft üben Sie, den Beckenboden mit dem Ausatmen bewusst zu öffnen (Hocken, Seite 63) – summen Sie ein tiefes und wohltönendes »Ahhhhh« dazu.
- **Als Rückbildungsgymnastik:** Schonen Sie sich nach der Geburt ruhig, und genießen Sie die »runde« Zeit mit Ihrem Baby und Ihrem Körper, der sich umstellt. Beginnen Sie mit den Kraftübungen sanft (Seite 58), und steigern Sie die Intensität langsam. Wenn Sie im Alltag schnell erschöpft sind, achten Sie darauf, Ihren Beckenboden bewusst zu schließen und sich aufzurichten. Mit den aktivierenden Bewegungsprinzipien (Seite 70) bereiten Sie sich auf Ihr normales Leben vor – das jetzt vermutlich ein wenig anstrengender sein wird als vor dem Baby. Nach sechs Wochen können Sie richtig loslegen: Üben Sie, was Ihnen guttut, bis Sie wieder ganz in Ihrer Kraft sind.

Bewegungskompetenz

Trainingsempfehlungen für die häufigsten Beschwerdenbilder bei Frauen

● **Leichte bis mittlere Belastungsinkontinenz:** Zusätzlich zu den Empfehlungen für ganz Gesunde stellen Sie sich aus Kapitel 2 (ab Seite 58) ein kleines Trainingsprogramm zusammen und nehmen sich 2- bis 5-mal die Woche eine gute Viertelstunde Zeit dafür.

● **Überaktive Blase:** Üben Sie wie bei der Belastungsinkontinenz, und halten Sie mit einem Trink- und Toilettentraining Ihre Blase dazu an, etwas kooperativer zu sein (Seite 21). Dem ersten Impuls nicht sofort nachzugeben erfordert viel Konzentration und die Fähigkeit, Ihren Beckenboden stark zu schließen. Genau das lernen Sie in Kapitel 2.

● **Senkungen:** Ihr Trainingsprogramm sollte vorzugsweise im Liegen erfolgen. Achten Sie besonders darauf, die Bauchpresse (Seite 17) zu vermeiden. Sie ist Ihnen vielleicht schon eine lebenslange Gewohnheit – bei jeder körperlichen Anstrengung. Lernen Sie, alles etwas leichter zu nehmen und es sich leichter zu machen. Hierbei helfen Ihnen die Alltagsübungen.

> Treppen sind kostenlose Trainingsgeräte, die Sie zwischendurch und überall nutzen können.

Trainingsempfehlungen für Männer

Wenn Männer sich zu einem Beckenbodentraining entschlossen haben, dann setzen sie das meist mit viel Energie um – üben oft viel zu viel auf einmal, sehr mechanisch, und konzentrieren sich auf den scheinbar effektiven Teil der Übungen, das Anspannen, bis sie davon Hämorrhoiden bekommen.
Zu viel ist also kontraproduktiv – denn egal, ob Sie Ihrem Rücken mit Beckenbodentraining helfen, Ihre »Standhaftigkeit« verbessern oder Ihrer Prostata etwas Gutes tun wollen: Anspannung ist bei Männern bis zum mittleren Alter

selten der Engpass. Was Ihren Muskel leistungsfähiger macht, ist richtiges Loslassen nach jedem Anspannen – und eine bessere Beweglichkeit des Beckens. Üben Sie maximal 2-mal am Tag 15 Minuten lang. Geben Sie sich etwas Zeit zum »Herunterfahren«, und beginnen Sie immer mit dem sanften Einwiegen (Seite 52). Spannen Sie nicht ruckartig an, sondern lassen Sie bei allen Übungen die Kraft langsam kommen und langsam wieder los. Nach dem Üben sollten Sie noch ein paar Minuten liegen bleiben, sich bewusst entspannen und versuchen, Ihren Beckenboden nur zu spüren. Das ist wirklich wichtig.

- **Nachlassende Potenz:** Wenn die Erektion nicht mehr so ist wie früher, versuchen Männer oft, dem mit stärkerem Anspannen zu begegnen – was den Einstrom des Blutes eher noch behindert. Geben Sie der Entspannung eine Chance, und vertrauen Sie der pulsierenden Kraft Ihres Beckenbodens – am besten mit diesen Übungen: Einwiegen (Seite 52), Fersendrücken, Tapping, Fersensolo (Seite 60), Entspannung vertiefen (Seite 56). Zählen Sie mit: mindestens so lang loslassen wie anspannen.

- **Inkontinenz nach Prostata-Operation:** Wenn die Inkontinenz tagsüber auftritt und Sie den Harndrang wahrnehmen, stehen Ihre Chancen auf Heilung gut. Ihre Übungsfavoriten: Einwiegen (Seite 52), Starker Schmetterling (Seite 62), Entspannung vertiefen (Seite 56), Die Wand hochgehen (Seite 62), Tapping (Seite 60). Außerdem legen Sie sich am Nachmittag eine halbe Stunde hin und ruhen sich und Ihren völlig gestressten Beckenboden aus.

- **Harntröpfeln »wegen der Prostata«:** Wenn die Ursache dafür kein Adenom, sondern Prostatismus ist, kann Ihnen ein entspannungsbetontes Beckenbodentraining schnell helfen. Schaden kann es auch beim Adenom nicht. Kraftübungen brauchen Sie weniger. Halten Sie sich vor allem an die Wahrnehmungsübungen, zum Beispiel: Einwiegen (Seite 52), Entspannung vertiefen (Seite 56).

Rückenbeschwerden: LWS-Syndrom, Bandscheibenprobleme

Üben Sie nicht im akuten Fall. Den Rücken lang zu machen und das Becken besser bewegen zu können hilft aber erstaunlich oft, Rückfälle zu verhindern. Alles aus Kapitel 1 und 2, besonders das Hochrollen (Seite 64), aber auch die aktivierenden Bewegungsprinzipien (Seite 70) werden Ihnen guttun. Suchen Sie sich zusätzlich aus dem Alltagsteil (Seite 86) das heraus, was Ihrem Lebensumfeld entspricht: aktiv sitzen, wenn Sie viel sitzen, richtig heben, wenn Sie körperlich arbeiten – und setzen Sie es in Ihrem Alltag um.

Die Bewegungskompetenz zurückerobern

Rund ums Üben

Auch wenn dieser Ratgeber das Üben überflüssig machen will – zum Einstieg geht es nicht ganz ohne. Und wenn für Sie ein regelmäßiges Trainingsprogramm aus den Kapiteln 1 bis 3 ansteht, werden Sie sich etwas öfter »auf der Matte« einfinden. Machen Sie sich eine gute Zeit – mit der Lust an der Kraft!

Finden Sie Ihre Übungsform

Vorschlag 1: rationell. Üben Sie kurz, knackig und konzentriert zu einem bestimmten guten Zeitpunkt in Ihrem Tagesablauf.
Vorschlag 2: üppig. Gestalten Sie Ihr Übungsprogramm so, dass Sie sich darauf freuen – mit ausreichend Zeit, schöner Musik als Begleitung und einer Wärmflasche oder einer besonderen Belohnung für danach.

Wie, wann, wo?

Wichtig ist, dass es warm genug ist und Sie ungestört sind. Nicht direkt nach dem Essen üben. Und Zeit zum Ankommen und zum Ausklang sollte immer drin sein: ausgiebig Gähnen, Räkeln, Strecken, Spüren und Entspannen.

Das brauchen Sie fürs Üben

Die Bodenübungen machen Sie am besten auf einer Gymnastikmatte oder einer dicken Decke. Auch ein relativ hartes Bett ist geeignet. Für die Übungen im Sitzen benötigen Sie einen Stuhl oder Hocker mit einer geraden, nicht zu weichen Sitzfläche. Ein kleines Kirschkernsäckchen ist ein nützlicher Helfer für Ihre Haltung. Außerdem brauchen Sie ein kleines Handtuch, einen Korb, einen Stapel Bücher, etwa 3 m Seil oder Schnur, einen Tennisball und eine Hantel (etwa 2 kg) oder alternativ einen gut zu greifenden, schweren Gegenstand.

Mäßig, regelmäßig, hartnäckig

Wenn Sie anfangs mehrmals pro Woche eine viertel bis eine halbe Stunde zum Üben abzwacken können, ist das natürlich klasse. Dann werden Sie auch bald eine Wirkung erzielen. Sonst dauert es halt länger. Aber machen Sie nicht den Fehler, etwas erzwingen zu wollen nach dem Motto »Viel hilft viel«, sonst gibt es Verkrampfungen! Bleiben Sie dran, dann können Sie die Übungen schon bald durch die Alltagsintegration ersetzen.

PRAXIS

Einfach üben
im Alltag

Sie sind entschlossen, Ihren Beckenboden so richtig in Bewegung zu bringen? Schön! Lernen Sie ihn aber zuerst einmal in Ruhe kennen. Kleine Übungen führen Sie Schritt für Schritt dahin, Ihren Beckenboden bewusst und kraftvoll zu aktivieren, ihn zu stärken und schließlich jederzeit »einschalten« zu können. Und dann beginnen Sie, den aktiven Beckenboden gezielt in Ihrem Alltag einzusetzen.

Schritt eins: Kennen lernen

Man nehme: Etwas Grundwahrnehmung der Muskeln da unten, viel unterstützende Körperhaltung, eine gute Portion Wachsamkeit für die häufigsten Fehler, dazu reichlich Entspannung. Daraus lässt sich ein gesundes Süppchen für Ihre Körperbasis kochen – die Vorspeise im Menü Alltagsintegration. Die Zutaten stellt Ihnen dieser erste Schritt bereit.
Nun ist es so eine Sache mit dem Beckenboden. Diese Muskulatur ist derart geheim, dass wir einfach nicht gelernt haben, sie bewusst zu spüren. Wer sich jedoch bereits viel mit der Wahrnehmung seines Körpers beschäftigt hat, wird seinen Beckenboden recht schnell finden. Das liegt daran, dass sich Körperwahrnehmung genau wie andere Fähigkeiten trainieren lässt – denn unser Gehirn bildet laufend neue Synapsen aus, sobald sie benötigt werden. Das soll Sie beruhigen, wenn Sie Zweifel haben, ob Sie es richtig machen. Wenn Sie sich zum ersten Mal mit Ihrem Beckenboden beschäftigen, ist es ganz normal, dass Sie sich nicht sicher sind, was Sie spüren. Bleiben Sie

Schritt eins: Kennen lernen — **PRAXIS**

hartnäckig, versuchen Sie, Ihren Beckenboden zu ahnen, zu spüren, zu begreifen. Seien Sie aufmerksam und geduldig, und gehen Sie liebevoll mit sich um. Dann wird Ihr Gehirn schnell lernen. Und Ihr Gefühl wird sich täglich verbessern. Wenn Sie bereits viel Körpererfahrung mitbringen, wird das folgende Kapitel für Sie ein spannender Spaziergang werden – die Grundlagen für die feine und korrekte Körperkoordination aus dem Becken.

Beckenboden ganz genau

Sie beginnen damit, die drei Muskelschichten Ihres Beckenbodens zu erforschen. Mit etwas Übung können Sie sie (ungefähr) getrennt wahrnehmen und (bedingt) getrennt bewegen. Sie vollständig isoliert zu bewegen ist nicht möglich, denn der Beckenboden bildet eine funktionelle Einheit. Dennoch lassen sich die Schichten durch spezielle Übungen über Muskelketten gezielt ansprechen und damit trainieren. Dazu mehr im zweiten Kapitel. Sie müssen die einzelnen Schichten aber nicht perfekt auseinanderhalten können, um in den Genuss Ihres kleinen Kraftwerks zu kommen.

So üben Sie richtig: Widmen Sie diesem ersten Schritt 3- bis 4-mal pro Woche 30 Minuten. Wiederholen Sie die Übungen einfach so oft, wie es Ihnen guttut.

HILFSMUSKELN WEGLASSEN

Auch wenn die Unterscheidung der einzelnen Schichten nicht so wichtig ist, sollten Sie doch mitbekommen, was um Ihren Beckenboden herum alles passiert – Sie sollten also zwischen Beckenbodenmuskeln und Po-, Bauch- und Beinmuskeln unterscheiden können. Viele Menschen spannen sogar auf Verdacht vom Nacken bis zum großen Zeh alles an und missverstehen diese große Anstrengung als wirksames Training. So können Sie sich tatsächlich schaden, denn es entsteht viel Bauchraumdruck (Seite 17) ohne großen Nutzen.

Je präziser Sie den Beckenboden aktivieren, desto mehr kann er leisten. Und denken Sie daran, dass Sie die Arbeit umverteilen wollen. Lassen Sie Po, Bauch und Beine dafür weniger arbeiten. Sie brauchen sie nicht ganz wegzulassen, und bei den meisten Übungen werden sie sogar benötigt – eben in der Muskelkette. Aber der Beckenboden kommt zuerst. Wenn Sie immer von dieser Basis ausgehen, wird das Ihr Üben und Ihre Bewegungen entscheidend verbessern.

WICHTIG!

EINFACH ÜBEN IM ALLTAG

Die drei Schichten erkunden

Sie benötigen einen Stuhl oder Hocker mit einer geraden, nicht zu weichen Sitzfläche. Diese sollte so hoch sein, dass Oberkörper, Ober- und Unterschenkel rechte Winkel zueinander bilden. Und legen Sie sich ein kleines Handtuch bereit.

Grundhaltung im Sitzen

› Setzen Sie sich auf die vordere Hälfte der Sitzfläche. Beine und Füße sind parallel in hüftbreitem Abstand. Spüren Sie intensiv in Ihre Fußsohlen, als wollten Sie Wurzeln in den Boden wachsen lassen.

› Erlauben Sie sich, richtig groß zu sein. Stellen Sie sich dazu ein hübsches Prinzessinnenkrönchen auf Ihrem Kopf vor – oder eine goldene Schnur am Scheitelende, die Sie nach oben zieht. Aber bitte den Kopf nicht in die Höhe recken! **1**

› Rollen Sie jetzt Ihr Becken leicht vor und zurück, um Ihre Sitzhöcker zu erkunden. Wenn Sie den Rücken rund machen, kippen die Sitzhöcker nach vorn, und Sie sitzen auf Ihrem Po. **2** Wenn Sie sich stark ins Hohlkreuz drücken, heben die Sitzhöcker ab – jetzt sitzen Sie auf Ihren Oberschenkeln. **3** Finden Sie so die Position in der Mitte heraus, in der Sie, auf Ihren Sitzhöckern balancierend, gleichzeitig aufgerichtet und entspannt sind.

Schritt eins: Kennen lernen

› Um die drei Schichten des Beckenbodens zu erleben, rollen Sie das Handtuch zusammen und setzen sich rittlings darauf. Wenn Sie jetzt auf Ihren Sitzhöckern vor- und zurückrollen, spüren Sie einen deutlichen Druck.

Die äußere Schicht – die Schließmuskeln

› Versuchen Sie, das Handtuch zart zu »greifen«. Bitte nicht anstrengen, es ist nur eine kleine Bewegung, ein Blinzeln. Mit der Absicht des Greifens setzen Sie die richtige Muskulatur ein. Der Druck aufs Handtuch verstärkt sich dabei etwas.
› Sie können die Aufmerksamkeit mehr nach vorn oder mehr nach hinten zum Anus lenken, aber diese unterste Schicht bewegt sich immer als Ganzes. Wenn Sie etwas stärker »zugreifen«, sollten Sie ein deutliches Gefühl des Schließens haben.

Die mittlere Schicht

Die Sitzhöcker zusammenzuziehen ist der direkte Weg zur zweiten Schicht.

› Spüren Sie Ihre Sitzhöcker, und versuchen Sie, sie auf das Handtuch zuzubewegen, als ob ein Gummiband sie ziehen würde. Nicht mit dem Po schieben oder mit dem Bauch pressen, auch wenn sich so gleich viel mehr tut! Die richtige Bewegung ist vergleichsweise klein und raffiniert.

4

Die innerste Schicht

Die ist wirklich nicht so leicht zu finden. Sie ist einfach so innen drin. Aber wir kriegen sie trotzdem, denn es ist genau diese dritte Schicht, die Sie einsetzen, wenn Sie Ihren Rücken lang machen:

› Bleiben Sie groß, und ziehen Sie das Steißbein nach unten-vorn. Ihr Becken richtet sich dabei auf. Wenn Sie dazu die Sitzhöcker zusammenziehen, dann erwischen Sie die dritte Schicht garantiert. 4 Entsteht so etwas wie ein Kraftgefühl im unteren Rücken? Das ist genau richtig.

EINFACH ÜBEN IM ALLTAG

Einwiegen

Der Beckenboden ist nur in einem beweglichen Becken wirklich aktiv und stark. Mit dem Einwiegen fördern Sie diese Beweglichkeit auf wunderbar sanfte und zugleich wirkungsvolle Art.
Damit machen Sie Ihre dritte Schicht warm und geschmeidig und legen den Grundstein für Ihre entspannte Kraft. Zugleich ist dies eine Wohltat für den Rücken. Und sogar sofafähig! Anfangs üben Sie aber besser auf einer Matte oder warmen Decke auf dem Boden.

> **TIPP**
>
> **»DEN BECKENBODEN AKTIVIEREN«**
>
> Dies bedeutet, alle drei Schichten wie beschrieben nacheinander anzuspannen. Anfangs wird Ihnen diese Kurzformel helfen: **»Schließen, Sitzhöcker zusammen, Rücken lang und stark, groß bleiben.«**
> Die Schließmuskeln dürfen übrigens wieder nachgeben, aber der Zug zwischen den Sitzhöckern und der lange und starke Rücken sind Ihre aktive Körperbasis.
> Lassen Sie alle Bewegungen erst klein und leicht sein. Spielen Sie, spüren Sie, freunden Sie sich an. Vertrauen Sie darauf, dass sich Ihre Fragen bald von selbst beantworten werden. Denn Sie lernen noch viel über unterstützende Körperhaltungen und Verstärker.

Sanftes Einwiegen

- Legen Sie sich bequem auf den Rücken, und stellen Sie die Beine hüftbreit auf. Ein kleines Kissen unter dem Kopf kann helfen, wirklich entspannt zu liegen.
- Lassen Sie Ihren Atem ein- und ausströmen, und spüren Sie, wie sich Ihre Bauchdecke hebt und senkt.
- Folgen Sie dieser Atembewegung, indem Sie bei jedem Einatmen den mittleren Rücken minimal anheben, sodass ein leichtes Hohlkreuz entsteht. **1**
- Mit dem Ausatem lassen Sie Ihren Rücken auf den Boden fließen. Schieben Sie den Po dabei etwas zu den Fersen. **2**
- Lassen Sie Ihren Atem weiter entspannt ein- und ausströmen, und kommen Sie mit Ihrem Becken in eine wiegende Bewegung. Sie sollten das Gefühl haben, mit jedem Ausatmen lang zu werden.

Kraftvolles Einwiegen

- Beginnen Sie mit dem sanften Einwiegen.
- Sobald Sie in einem fließenden Rhythmus sind, der sich richtig gut anfühlt, spüren Sie zum Beckenboden hin. Wenn Sie ihn im Liegen noch nicht so gut lokalisieren können, dann stecken Sie einen Tennisball so zwischen Hose und Slip, dass er am Damm (zwischen Anus und Scheide bzw. Hoden) liegt. Der Druck wird Sie führen.
- Bewegt sich Ihr Beckenboden bei jedem Ausatmen ganz leicht von selbst nach in-

nen? Das ist natürlich, denn er folgt dem Zwerchfell, das sich beim Ausatmen nach oben wölbt.
> Verstärken Sie dieses Nach-oben-Streben des Beckenbodens, indem Sie ihn im Atemrhythmus ein wenig anspannen: Drücken Sie dafür Ihre Fußsohlen mit jedem Ausatmen sanft nach unten, so als ob Sie sich in die Länge schieben wollten. Das unterstützt Ihren Beckenboden ganz mühelos.

> Steigern Sie die Kraft, wenn Sie möchten, aber bleiben Sie in dem entspannten Grundgefühl.
> Wiegen Sie Ihr Becken, solange Sie wollen. Seien Sie am Anfang sehr aufmerksam dabei, damit Sie beim Anspannen den Rücken wirklich lang machen und sich nicht zusammenschieben.

Später können Sie dies auch auf dem Sofa machen – sofern es eine Seitenlehne hat, auf der Sie sich halb sitzend lagern können.

EINFACH ÜBEN IM ALLTAG

Gefahren ausschalten

Hohlkreuz und Bauchpresse (Seite 16/17) sind zwei nicht zu unterschätzende Feinde eines gesunden Beckenbodens – und leider weit verbreitet. Deshalb widmen wir uns ihnen gleich zu Beginn.
Ein Hohlkreuz verhindert die kraftvolle Aktivierung des Beckenbodens. Wer die Bauchpresse häufig einsetzt, drückt damit im Becken alles nach unten, was besser weiter oben bleiben sollte.

Das Hohlkreuz auffüllen

Wenn Sie ein Hohlkreuz machen, ziehen Sie die innerste Schicht so in die Länge, dass sie ihre Kraft verliert, ziehen sie aus der Funktionsstellung heraus. Wenn Sie hingegen das Becken aufrichten, indem Sie das Steißbein nach unten-vorn ziehen und so den Rücken lang machen, kommen Sie in Ihre Kraft.

1

> **TIPP**
>
> **KNURREN!**
>
> Probieren Sie einmal aus, wie diese Drohgebärde aus grauer Vorzeit die Anspannung Ihres Beckenbodens ziemlich wirksam verstärkt. Damit Sie Ihre Stimmbänder nicht strapazieren, sollte es ein tiefes, kehliges Grollen sein, und auch nicht zu oft.

› Setzen Sie sich auf einen Stuhl seitlich vor einen Spiegel, sodass Sie Wirbelsäule und Becken im Blick haben. Nehmen Sie die Grundhaltung im Sitzen ein. Verwurzeln Sie sich mit den Füßen, und spüren Sie das Krönchen auf Ihrem Kopf.
› Legen Sie eine Hand auf den Unterbauch, die andere ins Kreuz, das sich natürlicherweise leicht nach innen wölbt. Schaukeln Sie Ihr Becken weich zwischen Ihren Händen.
› Aktivieren Sie jetzt mit dem Ausatmen langsam den Beckenboden: Schließen, Sitzhöcker zusammenziehen. **1** Unterstützen Sie sich mit Ihren Händen dabei, das Becken aufzurichten und den Rücken lang zu machen. Er soll dabei ganz gerade werden, und das Steißbein zieht nach unten-vorn. Stellen Sie sich vor, Ihre Len-

Schritt eins: Kennen lernen — PRAXIS

denwirbelsäule in die hintere Hand hineinzuschmiegen.
› Mit dem Einatmen rollen Sie wieder in die Ausgangshaltung zurück.

Die Bauchpresse lösen

Eine leichte Anspannung der Bauchmuskeln stabilisiert den Rumpf – wenn Sie den Beckenboden kräftig aktivieren. Die Bauchpresse hingegen drückt erbarmungslos nach unten. Das sollten Sie unbedingt vermeiden.

› In Rückenlage mit aufgestellten Beinen legen Sie Ihre Hände auf den Bauch.
› Aktivieren Sie Ihren Beckenboden ganz allmählich: Schließen, Sitzhöcker zusammenziehen, Rücken lang und stark werden lassen, groß bleiben.
› Legen Sie Ihre Hände mal auf den Ober-, mal auf den Unterbauch, und fühlen Sie aufmerksam, was sich unter Ihren Händen bewegt. **2** Der Unterbauch spannt an und zieht sich etwas ein, das gehört dazu. Der Oberbauch darf sich etwas anspannen und nicht einziehen. Aber wenn Ihre Bauchdecke bretthart wird, dann ist das zu viel. Reiben Sie sie sanft in großen Kreisen, erlauben Sie sich loszulassen.
› Fragen Sie Ihr Körpergefühl, während Sie den Beckenboden aktivieren: »Zieht es nach oben« und fühlt sich stabil und trotzdem leicht an? Oder »drückt es nach unten«? Beobachten Sie auch Ihren Atem. Wenn er fließen kann, ist das ein gutes Zeichen, die Bauchpresse geht meist mit Luftanhalten einher.
› Wenn Sie zur Bauchpresse neigen, dann aktivieren Sie den Beckenboden in den folgenden Übungen nur mit halber Kraft! Haben Sie Geduld mit sich. Die Bauchpresse ist eine Bewegungsgewohnheit, die wie alle anderen verändert werden kann, auch wenn es ein bisschen dauert.

2

Entspannung vertiefen

Gehören Sie zu den aktiven, meist sportlichen Menschen, die einen Job mit hohen Anforderungen haben? Oder mussten Sie in Ihrem Leben schon viel körperlich arbeiten? Neigen Sie dazu, Ihre inneren Konflikte und Stressgedanken festzuhalten? Dann kann es gut sein, dass Sie einen hohen Muskeltonus (Muskelspannung) aufgebaut haben, um der mentalen oder körperlichen Überforderung standzuhalten. Tiefsitzende Verspannungen spürt man selbst nicht mehr. Die Muskeln sind verhärtet, und sie ermüden in der Dauerkontraktion. Ein Muskel, der ständig angespannt ist, kann bei Belastung nicht mehr viel erbringen. Hier ist es Entspannung, die Sie und Ihren Beckenboden stärker machen wird. **Wichtig:** Wenn Sie so ein »zäher Brocken« sind, können Sie die Kraftübungen (ab Seite 58) trotzdem durchführen. Oft ist es leichter loszulassen, wenn man vorher bewusst angespannt hat. Aber legen Sie den Schwerpunkt aufs Entspannen, und gönnen Sie sich längere Pausen dazwischen.

Aufzug ins Tiefgeschoss

> Legen Sie sich vor dem Bett oder Sofa auf den Rücken, die Beine hochgelagert.
> Aktivieren Sie den Beckenboden mit dem Ausatmen (Kurzformel Seite 52), und verstärken Sie die Spannung, während Sie bis drei zählen. **1**
> Mit dem Einatmen lassen Sie die Spannung langsam wieder los und zählen rückwärts: drei – zwei – eins – null.
> Mit dem nächsten Ausatmen lassen Sie noch weiter los: minus eins, minus zwei und vielleicht sogar noch minus drei …
> Legen Sie die Hände auf Ihren Unterbauch und spüren Sie einige Atemzüge lang einfach hinein. Summen Sie ein tiefes, wohliges Aaaahhhhh …. Lassen Sie sich mit jedem Ausatmen noch tiefer einsinken.
> Wiederholen Sie die Abfolge einige Male.

Schritt eins: Kennen lernen **PRAXIS**

Variation: Wenn Sie das Entspannen noch mehr vertiefen wollen, bereiten Sie eine Wärmflasche vor und legen sie sich nach einigen Wiederholungen auf. Oder Sie üben gleich in der Badewanne oder in der Sauna.

Der Becken-Bogen

Mit dieser liebevollen Massage stärken Sie die »Yin-Meridiane« Ihres Körpers: Energiebahnen gemäß der traditionellen chinesischen Medizin, in denen die weiblichen Energien fließen. Diese einfache Form der Akupressur bringt Sie tiefer in Verbindung mit dieser Kraft und Ihrem Beckenraum.

› Setzen Sie sich rund und bequem auf den Boden oder aufs Bett, die Beine offen mit locker aneinandergelegten Fersen.
› Streichen Sie einige Male mit Händen **2** und Unterarmen **3** die Innenseiten Ihrer Ober- und Unterschenkel entlang, von den Leisten bis zu den Fersen.
› Umwandern Sie mit sanftem Fingerdruck das Halbrund des knöchernen Beckenbogens: vom Schambein bis zu den Sitzhöckern und wieder zurück.
› Massieren und reiben Sie die Innenseiten Ihrer Fersen, wie es Ihnen guttut. **4**
› Zum Abschluss streichen Sie Ihre Beine noch ein paarmal kräftig aus.

Variation: Wenn Sie es sinnlich mögen, legen Sie sich schöne Musik auf und massieren sich unbekleidet mit duftendem Öl.

Schritt zwei: Kraft entfalten

Jetzt erleben Sie die volle Power Ihrer Körperbasis. Sie aktivieren alle Beckenbodenschichten und verstärken die Wirkung mit Atmung und Muskelketten. Stellen Sie sich Ihre Beckenbodenaktivität auf einer Skala von 0 bis 100 % vor:
- 0 % steht für völlige Entspannung,
- 100 % für die maximale Anspannung, die Sie bei starken Belastungen brauchen,
- für alle anderen Bewegungen liegt der Wert irgendwo dazwischen.

Dies mag geschätzt und subjektiv sein, hat sich aber als hilfreiche Vorstellung erwiesen. So können Sie bei den jetzt folgenden Kraftübungen eine hohe Prozentzahl anstreben!

Muskeltraining

Wenn Sie Ihren Bizeps aufbauen wollen, genügt es nicht, den Arm 10-mal zu beugen. Erstens fordert das den Muskel nur vielleicht zu 20 % und zweitens nicht oft genug. Um Muskelzuwachs zu erzielen, brauchen Sie schon eine Hantel und eine höhere Anzahl an Wiederholungen. Und

Schritt zwei: Kraft entfalten **PRAXIS**

wenn Sie kräftig trainieren, sind auch Entspannungsintervalle wichtig.
Der Beckenboden besteht aus dem gleichen Muskeltyp wie Ihr Bizeps, aus quer gestreifter Muskulatur. Die können Sie – im Gegensatz zur glatten Muskulatur der Organe – mit Ihrem Willen beeinflussen und mit Übung trainieren. Betrachten Sie die folgenden Kraftübungen also als »Hanteltraining« für Ihren Beckenboden.

So soll es sich anfühlen

● Sollten Sie bei den Kraftübungen das Gefühl haben, das Leben gehe erst wieder weiter, wenn Sie die Spannung loslassen dürfen, dann läuft etwas schief. Mit dem korrekt aktivierten Beckenboden bauen Sie Kraft von unten auf und können gleichzeitig locker und beweglich bleiben.
● Die Bauchdecke mag sich dabei anspannen, aber es darf nicht das Gefühl entstehen, dass alles nach unten presst.
● Ein sehr gutes Zeichen ist, wenn Sie sich größer fühlen, ausgedehnt und stabil. Der Beckenboden gibt Halt und Substanz von innen, entspannte Souveränität.
● Wenn Sie sich wohlfühlen beim Üben und Lust an der Kraft haben, können Sie sicher sein, dass Sie es richtig machen!

So üben Sie richtig: Stellen Sie sich ein kleines Programm zusammen, das – zügig absolviert – 15 bis 30 Minuten in Anspruch nimmt. Nach jeder anstrengenden Übung folgt eine Ausgleichs- oder Entspannungsübung. Die Anzahl der Wiederholungen hängt von der Länge Ihres Atemrhythmus ab, 10-mal ist gut – oder 3-mal 5 mit kleinen Pausen dazwischen. Welche Übungen Sie besonders bevorzugen und wie lange Sie üben sollten, hängt von Ihrem Ausgangspunkt ab. Die Trainingsempfehlungen auf den Seiten 42 bis 44 sind ein guter Anhaltspunkt, aber variieren Sie ruhig.
Nehmen Sie sich anfangs genug Zeit, die Übungen aufmerksam einzustudieren. Üben Sie 1-mal am Tag, 4- bis 5-mal die Woche – dann spüren Sie bald den Erfolg.

TIPP

BEISPIEL FÜR EIN ÜBUNGSPROGRAMM

› Sich niederlassen, ausgiebig gähnen und strecken   2 Min.
› Sanftes Einwiegen   1 Min.
› Kraftvolles Einwiegen   2 Min.
› Sanftes Einwiegen   1 Min.
› Fersenpower   2 Min.
› Tapping   1 Min.
› Hochrollen und halten   2 Min.
› Sanftes Einwiegen   1 Min.
› Starker Schmetterling   2 Min.
› Entspannen im Hocken   1 Min.
› Vierfüßler   2 Min.
› Hund und Katz   1 Min.
› Starkes Brett   2 Min.
› Strecken, räkeln, ausruhen und nachspüren   2 Min.

Die unterste Schicht

Fersenpower

> Legen Sie sich bequem auf den Rücken, und stellen Sie die Beine hüftbreit auf. Ober- und Unterschenkel bilden einen rechten oder etwas steileren Winkel.
> Ihr Nacken sollte sich frei anfühlen – legen Sie sich eventuell ein flaches Kissen oder ein zusammengefaltetes Handtuch unter den Kopf. Lassen Sie ihn locker in der Körperachse nach oben streben, und ziehen Sie Ihr Kinn leicht in Richtung Kehle. So bleibt Ihr Nacken in der angenehmen, sanften Dehnung.
> Atmen Sie tief und entspannt ein, und stellen Sie die Fersen auf.
> Mit dem Ausatmen lassen Sie den unteren Rücken in den Boden sinken, aktivieren den Beckenboden (Seite 52) und drücken mit beiden Fersen kräftig senkrecht nach unten. **1** Spüren Sie, wie der Fersendruck Ihre Beckenbodenanspannung unterstützt.
> Mit dem Einatmen lösen Sie die Anspannung und lassen Ihr Becken wieder zurückrollen.
> Wiederholen Sie diese Bewegung im Rhythmus Ihrer Atmung einige Male. Die Zehen können die ganze Zeit oben bleiben. Steigern Sie die Anspannung im Beckenboden lustvoll und kraftvoll so weit, wie Sie den Bauch dabei noch entspannt lassen können.

Fersensolo

> Beginnen Sie wie bei der »Fersenpower«.
> Sobald Sie den Beckenboden aktiviert haben und mit den Fersen nach unten drücken, heben Sie das rechte, angewinkelte Bein und das Becken etwas ab und wippen ein klein wenig auf und ab. **2**
> Halten Sie die Spannung im Beckenboden etwa 20 Sekunden lang aufrecht, während Sie mehrfach die Ferse wechseln, und atmen Sie die ganze Zeit (flach) weiter.

Variation: Machen Sie mit dem jeweils abgehobenen Bein schöne, große Radfahrbewegungen, und halten Sie trotzdem die Spannung.

Zur Entspannung: Tapping

> Die Fußsohlen bleiben hier ganz am Boden. Heben Sie das Becken leicht an, und lassen Sie es locker plumpsen. Entweder eher schnell und fast unsichtbar, oder so, dass Sie den ganzen Rücken abheben und mit ihm auf den Boden klopfen. Tun Sie es in jedem Fall nicht heftig und erschütternd, sondern sachte und vibrierend und so, dass es Ihnen total angenehm ist.
> Summen Sie laut dazu.

Übungstipp: Wenn Sie eher verspannt im Becken sind, können Sie ein bisschen Tapping zwischen jeder Wiederholung der Kraftübungen einfügen.

Schritt zwei: Kraft entfalten **PRAXIS**

1

2

EINFACH ÜBEN IM ALLTAG

Die mittlere Schicht

Starker Schmetterling

› Legen Sie sich bequem auf den Rücken, stellen Sie die Beine auf und lassen Sie sie locker auseinander fallen, während die Fußsohlen beisammenbleiben. Wenn Ihnen diese Position in den Hüften unangenehm ist, legen Sie sich Kissen unter die Knie.
› Atmen Sie tief und entspannt ein.
› Mit dem Ausatmen schmiegen Sie den unteren Rücken an den Boden, aktivieren den Beckenboden und drücken die Ballen Ihrer Füße gegeneinander. **1**
Vielleicht spüren Sie, dass damit eher der vordere Bereich Ihres Beckenbodens aktiviert wird.

› Mit dem Einatmen lösen Sie die Spannung und lassen Ihr Becken wieder zurückrollen.
› Wiederholen Sie diese Bewegung im Rhythmus Ihrer Atmung einige Male. Steigern Sie die Anspannung im Beckenboden, so weit es Ihnen angenehm ist.

Die Wand hochgehen

› Positionieren Sie sich im Liegen mit Füßen gegen eine Wand so, dass Rücken, Ober- und Unterschenkel rechte Winkel bilden.
› Atmen Sie tief und entspannt ein.
› Schmiegen Sie mit dem Ausatmen den unteren Rücken an den Boden, und drücken Sie mit den Ballen Ihrer Füße gegen die Wand, während Sie den Beckenboden aktivieren. Ihr Becken wird sich leicht vom Boden abheben. **2**

Schritt zwei: Kraft entfalten — PRAXIS

› Atmen Sie jetzt (flach) weiter, und halten Sie Ihren Beckenboden dabei fest. Lösen Sie Ihre Füße abwechselnd von der Wand, und tippeln Sie ein wenig auf und ab und hin und her, immer auf den Ballen. **3** Spüren Sie hin, wie der kräftige Zug am Beckenboden dadurch »wandert«.

Entspannen im Hocken

Diese Position öffnet und dehnt. Aber: Man liebt sie oder man hasst sie. Wenn Sie zur zweiten Gruppe gehören, lassen Sie es sein. Denn Sie sollen sich entspannen, nicht quälen! »Tappen« Sie stattdessen (Seite 60).

› Lassen Sie sich aus einem schulterbreiten Stand langsam nach unten sinken. Nehmen Sie dabei die Arme nach vorn, sodass sie zwischen die Knie kommen. **4** Ihre Fußsohlen sollten ganz am Boden sein, legen Sie eventuell etwas unter die Fersen. Die herausfordernd starke Dehnung in Beinen und Hüften sollte für Sie immer noch angenehm sein.
› Legen Sie die Handflächen zusammen. Mit dem Ausatmen lassen Sie Ihrer Kehle ein tiefes Aaaaahhhhh entströmen und ziehen die Hände zu sich her. **5** Dadurch drücken Ihre Ellbogen die Knie auseinander.
› Beim Einatmen schieben Sie Ihre Hände wieder nach vorn.
› Mit jeder Ausatmung noch weiter vertiefen, dehnen, genießen.

Die innerste Schicht

Dies ist eine der wichtigsten Übungen für Beckenboden und Rücken überhaupt. Widmen Sie ihr in jedem Fall volle Aufmerksamkeit.

Hochrollen

> Nehmen Sie die bequeme Rückenlage mit aufgestellten Beinen ein.
> Beginnen Sie mit dem Einwiegen, zuerst sanft, dann kraftvoll (Seite 52).
> Sobald Sie einen guten Rhythmus gefunden haben, rollen Sie beim Ausatmen das Becken etwas stärker hoch, sodass es sich vom Boden abhebt. Stellen Sie sich dazu vor, dass ein Faden Ihr Steißbein nach oben zieht. Zuerst kippt das Becken, dann hebt es ab. **1**
> Nach einigen Wiederholungen steigern Sie es langsam: Rollen Sie einen Lendenwirbel nach dem anderen mit hoch. **2**
> Bei jedem Einatmen kehren Sie wieder in die Ausgangstellung zurück. Legen Sie dabei Wirbel für Wirbel genauso sorgfältig wieder ab, wie Sie sie hochgerollt haben.
> Wenn Sie zum Hohlkreuz neigen, dann bleiben Sie in diesem Bereich. Ansonsten können Sie auch noch die Brustwirbelsäule mit hochrollen.
> Der Beckenboden bleibt unter Spannung, solange das Becken abgehoben ist. Entspannen Sie sich immer wieder mal zwischendurch.

Hochrollen und halten

> Atmen Sie in der bequemen Rückenlage tief und entspannt ein.
> Mit dem Ausatmen schmiegen Sie den unteren Rücken an den Boden, aktivieren den Beckenboden und lassen sich von Ihrem Steißbein ganz langsam und kontrolliert nach oben ziehen. Atmen Sie weiter, während Sie die Spannung aufrechterhalten und Ihr Becken so weit hochrollen, wie es Ihnen angenehm ist. **3**
> Genauso konzentriert, Wirbel für Wirbel, rollen Sie wieder zurück und lösen die Spannung erst, wenn Ihr gesamter Rücken am Boden liegt.
> Lassen Sie einige Atemzüge lang tief los, und spüren Sie in Ihr Becken hinein.

Übungstipp: Achten Sie darauf, die Wirbelsäule nicht in einem oder mehreren Stücken »hochzuklappen«. Das ist zwar nicht bedenklich, aber eine andere Übung und für den Beckenboden weniger wertvoll. Vielleicht hilft Ihnen folgendes Bild: Ihre Wirbelsäule war eine etwas verklebte Fahrradkette. Sie haben sie geputzt und eingeölt, und jetzt bewegen sich alle Glieder wieder einzeln und einwandfrei.

Variation: Manchmal findet man eine Stelle am Rücken, der das »Berolltwerden« besonders wohltut. Tun Sie das ruhig eine Zeit lang, und halten Sie Ihren Beckenboden dabei weiter unter Zug.

Beinschüttler

Jetzt wieder etwas zum Entspannen. Ihre Venen werden entzückt sein.

> In der Rückenlage ziehen Sie ein Bein nach dem anderen angewinkelt zum Bauch.
> Schieben Sie Ihre Hände – mit den Handflächen nach unten – unter Po und Kreuzbein, und strecken Sie die Beine locker nach oben. **1**
> Finden Sie eine Position, in der Sie Ihre Beine ohne jede Anstrengung, ohne die Bauchmuskeln anzuspannen, halten können. Ihr Beckenboden darf sich ganz entspannen.
> Noch bequemer ist es, das Becken mit einem festen Kissen hochzukeilen.
> Sie können die entspannende Wirkung noch verstärken: Lassen Sie die Beine sich locker schütteln wie zwei junge Pappeln im Wind. Und lallen Sie mit kräftigem »Aaahhhh« dazu, als wären Sie nicht ganz bei Trost.

Im Alltag: Sich zu schütteln lockert und löst wunderbar, auch in aufrechter Haltung, zum Beispiel beim freien Tanzen. Aber beim Schütteln im Stehen entsteht viel Bauchraumdruck, vor allem, wenn Sie noch stampfen oder hüpfen. Was für knackige Beckenböden ein Vergnügen ist, das Energien weckt, ist für schwache Beckenböden daher mit Vorsicht zu genießen.

In jeder Lage

Ein starker Beckenboden stabilisiert Rumpf und Rücken von unten her, traumhaft sicher und flexibel zugleich. Mit den folgenden Übungen können Sie überprüfen, wie es bei Ihnen darum bestellt ist – und diese Stabilität auch gleich trainieren.

Starkes Brett

> Legen Sie sich auf den Bauch, und lagern Sie Ihren Kopf bequem, entweder auf Ihren Händen oder zur Seite gedreht. **2** Wenn Sie in dieser Lage ein Hohlkreuz haben, dann legen Sie sich ein Kissen unter den Bauch. Stellen Sie die Zehen auf.
> Atmen Sie tief und entspannt ein, und spüren Sie aufmerksam zu Ihrem unteren Rücken.
> Aktivieren Sie mit dem Ausatmen Ihren Beckenboden (Seite 52), und winkeln Sie Ihre Unterschenkel langsam nach oben an. **3** Ihr unterer Rücken sollte stabil und gerade wie ein Brett bleiben.
> Lösen Sie die Spannung erst, wenn Sie die Unterschenkel wieder abgelegt haben, und atmen Sie ein.
> Wenn Sie diese Bewegung ohne Beckenbodenspannung machen, schieben sich die Lendenwirbel zusammen, werden förmlich gestaucht. Legen Sie sich eine Hand ins Kreuz, und erkunden Sie ruhig einmal den Unterschied.

EINFACH ÜBEN IM ALLTAG

Vierfüßler

Diese Übung ist für die Wahrnehmung und als Kraftübung gleichermaßen wertvoll.

› Kommen Sie in den Vierfüßlerstand, Arme schulterbreit, Beine hüftbreit. **1**
› Aktivieren Sie mit dem Ausatmen Ihren Beckenboden. Wenn Ihr unterer Rücken dabei etwas nach oben strebt, dürfen Sie sich zu Ihrer Koordination beglückwünschen. Wenn er das nicht von selbst tut, dann helfen Sie etwas nach.
› Halten Sie jetzt den Beckenboden unter Zug, und atmen Sie weiter, während Sie alle möglichen Bewegungen ausprobieren: Katzenbuckel **2** und Hohlkreuz machen, Arme und Beine einzeln oder diagonal vom Boden heben **3**, Ihr Gewicht nach vorn, hinten und nach rechts und links verlagern.
› Bleiben Sie die ganze Zeit mit Ihrer Aufmerksamkeit bei Ihrem Beckenboden. Bei welchen Bewegungen und Stellungen fällt es Ihnen leicht, ihn zu halten, und wo wird es schwierig?

Entspannungs-Variante: »Hund und Katz«. Gönnen Sie sich das unbedingt im Anschluss an die Kraftübung: Entspannen Sie Ihren Beckenboden total, gähnen Sie und dehnen Sie sich, wie Hund und Katze es machen. Bleiben Sie mit allen vieren am Boden, und kreisen Sie lustvoll mit Ihrem Becken, so weit Ihr Radius reicht.

»KANN ES SEIN, DASS …?«

Kaum beschäftigt man sich mit dieser geheimnisvollen Muskulatur, tauchen Fragen auf – und zwar bei vielen Übenden die gleichen. Hier ein paar, die in der Hitliste weit oben stehen.

Ich habe schon ein paar Kurse gemacht, und da heißt es immer, man soll den Beckenboden hochsaugen.

Ich vermeide diesen Begriff, weil es meiner Erfahrung nach dazu führt, dass Frauen unbedingt etwas hochziehen wollen, vorzugsweise mit der Einatmung, und dabei völlig verkrampfen. Wenn Sie den Beckenboden sicher und gezielt anspannen und dabei locker bleiben, entsteht das Gefühl, dass etwas nach oben strebt. Sie fühlen sich größer. Der Beckenboden wölbt sich dabei leicht nach innen. Mehr gibt es nicht hochzuziehen!

Kann man den Muskel übertrainieren?

Leistungssportlerinnen haben häufiger Kaiserschnitte, weil ihr Beckenboden sehr stark ist. Das bekommt man aber mit ein bisschen Training nicht hin. Und wir arbeiten ja nicht auf dicke Muskeln hin, sondern auf flexible Kraft.

Kann es sein, dass der Beckenboden manchmal nicht mag? Ich hatte einen superanstrengenden Tag, und dann habe ich versucht, auch noch meine Übungen zu machen, aber es ging einfach nicht.

Gratulation. Eine ganz wichtige Erfahrung. Wenn Sie total erschöpft sind, signalisiert Ihnen ein unwilliger Beckenboden, dass es Zeit zum Entspannen ist, und nicht zum Immer-weiter-Powern. Ähnliches erleben viele Frauen auch am ersten Tag ihrer Periode. Loslassen ist angesagt!

Stimmt es, dass Beckenbodentraining die Lust am Sex steigert?

Ein kräftiger, gut durchbluteter »Liebesmuskel« lässt Frauen ihr Becken stärker spüren, die Klitoris wird empfänglicher für Stimulation, Orgasmen werden intensiver. Männer können ihre Erektion besser steuern und genießen es sehr, wenn ihre Partnerin diese speziellen Muskeln spielen lässt. Die Wirkung von mechanischem Üben und Trainingsgeräten für die Vagina sollte man allerdings nicht überschätzen. Sex ist mehr als Muskelarbeit! Wenn Sie sich aber beim Üben liebevoll erlauben, in Ihrem Becken ganz zu Hause zu sein, vertiefen Sie Kraft und Loslassen lustvoll – und werden sich rundum erotischer fühlen.

Schritt drei: Die aktivierenden Bewegungsprinzipien

Sie werden sich fragen, warum Sie nicht selbst darauf gekommen sind. Oder feststellen, dass Sie intuitiv schon ziemlich viel richtig machen. So oder so – die »aktivierenden Bewegungsprinzipien« verbinden den Beckenboden mit dem ganzen Körper, sie bringen Muskelketten in Aktion. Damit koordinieren Sie Ihre Haltung und Bewegungen optimal, schalten Ihren Beckenboden fast von selbst ein und halten ihn mühelos auf Trab. Das bedeutet natürlich nicht, dass Sie den ganzen Tag mit fest angespanntem Beckenboden herumlaufen – eine 100%ige Muskelanspannung werden Sie sogar eher selten benötigen. Es bedeutet vielmehr, dass Ihr Beckenboden hellwach ist – in flexibler Grundspannung – und auf jede Situation angemessen reagiert. Genau darum geht es ja – ihn gar nicht mehr willentlich anspannen zu müssen, weil er automatisch reagiert. Damit rückt die volle Integration des aktiven Beckenbodens in Ihren Alltag greifbar nahe. Die Spannung, die mit den aktivierenden Prinzipien im Beckenboden natürlicher-

Schritt drei: Die aktivierenden Bewegungsprinzipien   **PRAXIS**

weise entsteht, kann man bei Bedarf bewusst verstärken. Wenn Sie sich so bewegen, haben Sie Kraft und Energie für Ihren ganzen Tag.

So üben Sie richtig: Ideal ist es, wenn Sie sich 4- bis 5-mal die Woche eine halbe Stunde Zeit nehmen, in der Sie experimentieren – nach Belieben, aber aufmerksam!

Schwerpunkt tieferlegen

Meist ist unsere Aufmerksamkeit den lieben langen Tag im Kopf. Gedanken bestimmen unser Leben, und die Körperbasis verschwindet aus der Wahrnehmung. Muss man dann zum Beispiel etwas Schweres heben, neigt man dazu, es »mit dem Kopf« zu tun. Man zieht die Schultern hoch, verspannt den Nacken – und wundert sich über Ärger mit der Brust- und Halswirbelsäule. Legen Sie Ihren Schwerpunkt tiefer!

Goldener Ball

› Stellen Sie sich hin, die Beine hüftbreit, die Knie gelöst, und spüren Sie das hübsche Krönchen auf Ihrem Hinterkopf oder die goldene Schnur (Seite 50). Beides hilft Ihnen, den Kopf leicht auf einem elegant geschwungenen Hals und lockeren Schultern sitzen zu lassen.

1

› Beckenbodenprinzessinnen tragen ihr Spielzeug – einen Ball aus massivem Gold – selbstverständlich im Becken. Auch als Mann können Sie sich Ihr Becken für diese Übung rund wie eine Schale vorstellen, in der angenehm und schwer ein goldener Ball liegt. Spüren Sie das Gewicht.
› Spielen Sie mit diesem Ball, indem Sie Ihr Becken bewegen, lassen Sie ihn kreisen und rollen. 1 Ihre Schultern entspannen sich. Sinken Sie etwas tiefer in die Knie.

71

EINFACH ÜBEN IM ALLTAG

1

2

Sumo-Schwere

Dafür brauchen Sie keine 200 Kilo zu wiegen. Sie sollten sich aber so kraftvoll im Boden verwurzelt fühlen wie ein Sumo-Ringer.

› Stehen Sie noch etwas tiefer und breiter, und lassen Sie den Rücken lang werden. Wippen Sie in den Knien, als ob Sie sich darauf vorbereiten wollten, dass jemand Sie umwerfen will – ohne sich zu verspannen. Machen Sie sich einfach schwer! 1

Aus dem Bauch heraus

Gewöhnen Sie sich an, alle Kraft, die Sie brauchen, aus dem Becken zu holen. Denn dort gibt es jede Menge davon – und je mehr Sie abrufen, desto mehr entsteht neu! Gelegenheiten bieten sich viele: Beobachten Sie einmal einen Tag lang aufmerksam, was Sie sich in Zukunft alles »vor den Bauch nehmen« könnten, anstatt es anders zu tragen. Es wird Ihr Leben leichter machen – garantiert!

Schritt drei: Die aktivierenden Bewegungsprinzipien   PRAXIS

Becken trägt

> Legen Sie sich einen Stapel Bücher in Griffhöhe bereit.
> Stehen Sie hüftbreit mit lockeren Knien, und bringen Sie Ihre Aufmerksamkeit ins Becken, indem Sie es von allen Seiten beklopfen. **2**
> Legen Sie eine Hand aufs Kreuzbein und schieben Sie es nach unten, sodass es Ihren Rücken schön lang zieht. Bleiben Sie groß dabei. **3**

> Greifen Sie jetzt langsam nach den Büchern, und halten Sie sie vor Ihrem Becken. **4** Die Schultern bleiben locker. Spüren Sie Ihren Beckenboden – zieht er von selbst an, sobald es etwas zu tragen gibt? Wenn nicht, helfen Sie etwas nach.
> Verbinden Sie Ihr Becken mit dem Gewicht und bewegen Sie sich damit – erst im Stand, dann gehen Sie umher. Halten Sie Ihre Aufmerksamkeit darauf gerichtet, dass es Ihr Becken ist, das trägt. Schultern und Arme sind locker.

EINFACH ÜBEN IM ALLTAG

Muskelkraft statt Schwung

Mit Schwung zu arbeiten ist immer dann sinnvoll, wenn man etwas wirklich Schweres in Bewegung bringen muss. Man setzt den Körper gewissermaßen als verstärkende, passive Schwungmasse ein. Dagegen ist im Prinzip nichts einzuwenden, genauso wenig wie dagegen, schwungvoll durch den Tag zu brausen – denn damit ist eigentlich überschießende Energie und gute Laune gemeint. Aber Vorsicht! Da Schwung alles leichter in Bewegung bringt, sind wir verführt, ihn immer und überall einzusetzen, um Muskelarbeit zu sparen. Wir missbrauchen den Schwung für falsche Bequemlichkeit. Leider führt das zu schädlichen Bewegungen, zum Beispiel dem »Anreißen« beim Heben. Dabei wird der Beckenboden unsanft nach unten gepresst, und der Rücken ist auch nicht begeistert.

Und außerdem ist unser Ziel nicht, Muskelarbeit zu sparen. Im Gegenteil, wir wollen unsere Muskeln ja intensiver benützen. Wenn Sie die Kraft aus dem Becken nutzen, geht Schweres auch ohne Schwung leicht, und Sie erhalten sich mit Ihrer Muskulatur einen fitten und gut proportionierten Körper.

Übrigens wirken muskelaktive Bewegungen viel schwungvoller und lebendiger, selbst wenn sie anstrengend sind, als träge Bewegungen mit Schwung.

1

Hocharbeiten

Fast jeder steht vom Stuhl auf, indem er den Oberkörper nach vorn schleudert. Will man mit reiner Muskelkraft aufstehen, hilft der »Arbeitsatem« sehr. Sie müssen nicht immer so aufstehen. Es ist eine spannende Übung. Und mit einem Gewicht auf dem Schoß noch etwas gehaltvoller.

› Bereiten Sie ein umfangreiches Gewicht vor, das Sie noch gut umfassen können, zum Beispiel einen gefüllten Einkaufs-

Schritt drei: Die aktivierenden Bewegungsprinzipien   PRAXIS

korb. Setzen Sie sich auf einen Stuhl oder Hocker mit ebener Sitzfläche, das Gewicht auf dem Schoß, und nehmen Sie es in Ihre Arme. **1**

> Neigen Sie den aufrechten Oberkörper leicht nach vorn, ziehen Sie Ihre Füße nah zum Stuhl oder etwas darunter, und atmen Sie tief und entspannt ein. **2**

> Ziehen Sie mit dem Ausatmen Ihre Sitzhöcker zusammen, lassen Sie den Rücken lang werden, und schieben Sie sich kraftvoll von den Füßen her in die Höhe. **3**

> Halten Sie Ihren Beckenboden unter Zug, und setzen Sie sich genauso kontrolliert wieder hin. Jetzt können Sie ihn lösen und einatmen.

Ja, es ist anstrengend! Nicht nur Ihr Beckenboden, auch die Oberschenkelmuskeln werden gestrafft. Und das Hinsetzen klappt vermutlich ohne Plumps. Diese Übung ist ein prima Test für Ihren Beckenboden. Wenn Sie sie ganz ohne Schwung schaffen, wissen Sie, dass Sie ihn kraftvoll aktivieren können.

EINFACH ÜBEN IM ALLTAG

Wie eine Welle kommen lassen

Dies ist eine wichtige Verfeinerung des Prinzips »Muskelkraft statt Schwung«: Damit wird die Muskelaktivität nicht ruckartig und plötzlich, sondern kontrolliert und stetig auf 100 % hoch- und wieder heruntergefahren. Wenn Sie sich dies angewöhnen, schützt es Sie davor, beim Heben schwerer Sachen »anzureißen«, was für Rücken und Beckenboden sehr ungut ist.

Kraftwellen

› Sie sitzen wie bei der vorigen Übung auf dem Stuhl, mit dem Gewicht auf dem Schoß. Fassen Sie das Gewicht so an, dass Sie es gut hochstemmen können, und atmen Sie tief und entspannt ein.
› Mit dem Ausatmen aktivieren Sie langsam Ihren Beckenboden und beginnen, Kraft in den Gegenstand fließen zu lassen, um ihn hochzustemmen. Wenn Sie es richtig machen, bewegt sich am Anfang noch nichts! Lassen Sie die Schultern unten, und steigern Sie die Beckenbodenkraft, bis sich das Gewicht hebt. 1
› Setzen Sie es genauso langsam wieder ab, lösen Sie den Beckenboden, und lassen Sie Ihren Einatem geschehen.
› Wiederholen Sie dies ein paar Mal, und spüren Sie, wie Sie die nötige Kraft ganz entspannt entfalten können.

1

Becken und Boden

In Zusammenarbeit mit den Füßen funktioniert der Beckenboden noch viel besser – das hängt mit den verstärkenden Muskelketten zusammen. Bei den Kraftübungen im Liegen haben wir uns das ja bereits zunutze gemacht. Doch unser aktives Leben verbringen wir in aufrechter Position, deshalb hier die alltagsfähige Fußarbeit – im Sitzen und Stehen. Die Aktivierung des Beckenbodens mit den Füßen zu verstärken ist sehr alltagstauglich und genial einfach.

Schritt drei: Die aktivierenden Bewegungsprinzipien PRAXIS

Hockertanz

› Nehmen Sie die Grundhaltung im Sitzen ein (Seite 50).
› Drücken Sie mit beiden Fersen nach unten. **2** Spüren Sie, wie sich der hintere Teil des Beckenbodens schließt? Sie können es gar nicht verhindern, wohl aber verstärken. Probieren Sie es aus.
› Drücken Sie jetzt abwechselnd die rechte und linke Ferse nach unten, und beobachten Sie, wie Ihr Beckenboden die Rechts-links-Aktivierung ebenfalls mitmacht. Verstärken Sie das wieder ein wenig.

› Probieren Sie den gleichen Ablauf mit den Fußballen – nun fühlt sich der vordere Teil des Beckenbodens angesprochen. **3**
› Heben Sie das rechte Bein ein klein wenig vom Boden ab. Achten Sie darauf, es nicht durch Gewichtsverlagerung zu tun, sondern mit Muskelkraft – dann macht Ihr Beckenboden wieder ganz natürlich mit. **4** Richtig ist es, wenn Ihr Rücken nicht nach links schwankt, sondern wenn sich die linke Schulter ein wenig nach vorn dreht.
› Wiederholen Sie dies rechts und links im Wechsel.

EINFACH ÜBEN IM ALLTAG

Pendeln

Damit bringen Sie Aufrichtung und eine gute Grundspannung in Ihr tägliches Stehen und Gehen.

› Stehen Sie hüftbreit mit lockeren Knien, und richten Sie Ihre Aufmerksamkeit auf Ihre Fußsohlen.
› Verlagern Sie Ihr Gewicht ganz langsam abwechselnd nach vorn **1** und hinten **2**, bis Sie jeweils fast das Gleichgewicht verlieren. Beobachten Sie Ihren Beckenboden, wie er Sie vor dem Umfallen rettet.
› Verlagern Sie das Gewicht nach rechts und links, und beobachten Sie wieder.
› Spielen Sie damit, die Anspannung willentlich ein wenig zu verstärken.

Schrittstellung

Über die Verschraubung kommt der Körper in dynamische Spannung und hält sie mühelos. Die Schrittstellung ist zudem ein wahres Wundermittel gegen alle möglichen Fehlhaltungen – sie spannt Ihren Stand auf und rettet Ihnen dadurch bei vielen beschwerlichen Arbeiten Kopf und

Schritt drei: Die aktivierenden Bewegungsprinzipien   PRAXIS

Kragen, Beckenboden und Rücken. Beidbeinige Haltungen sind nur bei ganz schwerem Heben wieder zu empfehlen, aber bei den allermeisten Tätigkeiten ist die Schrittstellung ideal, weil sie den Rücken stabilisiert und der Beckenboden aktiv bleibt.

Fast wie Tai Chi

> Stehen Sie in Schrittstellung, die Knie gebeugt, die Füße auch in dieser Position hüftbreit. Richten Sie Ihre Aufmerksamkeit auf Ihre Fußsohlen.

> Verlagern Sie Ihr Gewicht ganz langsam aufs vordere Bein, bis der hintere Fuß den Boden nur noch mit den Zehenspitzen berührt. 3

> Verlagern Sie Ihr Gewicht ebenso langsam auf das hintere Bein, bis es ordentlich im Oberschenkel zieht. 4 Sie können die Zehen des vorderen Fußes anheben.

> Finden Sie für Ihre Arme eine fließend rhythmische Bewegung, die Ihnen gefällt.

> Beobachten Sie Ihren Beckenboden. Verstärken Sie die natürlich auftretende Anspannung ein wenig.

> Stellen Sie das andere Bein nach vorn.

Hoch wie eine Tänzerin

Bewegungen in Schrittstellung haben noch einen weiteren Vorteil – sie sind fließend und wunderbar elegant im Vergleich zu beidbeinig parallelen Varianten, die leicht ruckartig oder mühsam aussehen, wenn man mal keinen guten Tag hat. Und es ist viel leichter, beim Aufstehen auf den Schwung zu verzichten.

› Ausgehend von der Grundhaltung im Sitzen (Seite 50) ziehen Sie ein Bein so weit zu sich heran, bis sich der Fuß genau unter Ihrem Becken befindet. Es genügt, wenn der Vorfuß den Boden berührt.

› Neigen Sie den Oberkörper ganz leicht gerade nach vorn, und atmen Sie ein. 1
› Von dem Fuß unter Ihrem Sitz aus schieben Sie sich ausatmend langsam mit Muskelkraft hoch. 2 Sollte Ihr Beckenboden nicht freiwillig aktiv werden, dann helfen Sie ordentlich nach.
› Lassen Sie sich genauso wieder nieder, ebenfalls mit dem Ausatem.
› Wiederholen Sie es ein paar Mal, auch mit dem anderen Bein.
› Drehen Sie das vordere Bein etwas nach außen, und gehen Sie nach dem Aufstehen gleich einen Schritt zur Seite weg. Ist das nicht eine wunderbar fließende Drehbewegung? 3

Schritt drei: Die aktivierenden Bewegungsprinzipien   **PRAXIS**

Die Kraftlinie

Diese aktivieren Sie, indem Sie in die Schrittstellung etwas mehr Kraft hineingeben. Hier können Sie die 100 % ausprobieren und auch Ihren Arbeitsatem so richtig testen. Sie benützen Ihre gesamte Muskelkette, von den Füßen bis zu den Armen, und Ihr Becken ist das Zentrum.

Gegen die Wand

> Legen Sie Ihre Handflächen vor sich an die Wand, und stellen Sie sich in Schrittstellung auf. Das hintere Bein bildet eine gefühlte gerade Linie mit Ihren Händen, auch wenn es faktisch nicht so ist.
> Lassen Sie die Schultern locker, und atmen Sie tief und entspannt ein.
> Mit dem Ausatmen aktivieren Sie Ihren Beckenboden und drücken sich von dem hinteren Bein aus gegen die Wand, als wollten Sie sie wirklich umschieben. **4** Wenden Sie alles an, was Ihnen in diesem Kapitel bisher begegnet ist: Schwerpunkt tieferlegen, Kraft aus dem Bauch holen, Muskelkraft statt Schwung, wie eine Welle kommen lassen, Füße arbeiten mit, Schrittstellung, Atemkraft.
> Spüren Sie, wie Sie auf diese Weise den Druck immer noch weiter steigern können, ohne sich zu verausgaben.
> Wenn es sich stark und effektiv anfühlt und nicht erschöpfend ist, dann machen Sie es rundum richtig!

> Wiederholen Sie die Übung mit dem anderen Bein.

Im Alltag: Sie können die Kraftlinie oft anwenden, zum Beispiel beim Möbelrücken oder wenn Sie einen schwer beladenen Einkaufswagen bewegen. Nehmen Sie sich immer Zeit, wirklich die beste Linie zu finden, dann schiebt es sich gleich viel leichter.

4

Spiralbewegungen

Haben Sie schon einmal beim Kugelstoßen zugesehen? Wie sich die Athleten eindrehen, um dann in einer kraftvollen Spiraldrehung – mit einem hörbaren Ausatmen, meist sogar einem Schrei – die Kugel herauszuschleudern? Wenn es eine effektivere Technik für diesen Wettkampf gäbe, wäre sie mit Sicherheit schon erfunden worden.

Spiralbewegungen sind effektiv und elegant – nur schwer konkret anzuleiten. Aber wenn Sie die Feinabstimmung der folgenden Bewegung selbst vornehmen, wird Ihr Körper Grundsätzliches lernen.

Hantelschraube

Diese Anleitung ist bewusst vage gehalten. Finden Sie bitte selbst eine gute Variante dieser Übung. Richtig machen Sie es, wenn Sie auch eine 2-kg-Hantel relativ mühelos nach oben bringen, indem Sie sie nahe am Körper hochschrauben.

› Stellen Sie sich in Schrittstellung hin – probieren Sie aus, welches Bein Sie bei der Übung lieber nach vorn stellen. Halten Sie die Hantel seitlich in einer Hand, beide Arme locker. Atmen Sie ein.
› Aktivieren Sie ausatmend Ihren Beckenboden, und verbinden Sie ihn gedanklich mit dem Gewicht. **1**

| Schritt drei: Die aktivierenden Bewegungsprinzipien | PRAXIS |

- Ihr Ziel ist, die Hantel nach oben zu bringen, so als wollten Sie sie aufs oberste Regalbrett stellen.
- Schrauben Sie das Gewicht in die Höhe, stets nah am Körper bleibend. **2 3**
- Spüren Sie Ihre Kraftlinie, wenn Sie sich am Ende noch leicht nach vorn lehnen.

Im Alltag: Die Spiralbewegung aktiviert den Beckenboden – das können Sie zum Beispiel beim Husten oder Niesen nutzen, um ihn zu schützen. Ziehen Sie einfach ein Bein (unauffällig) ein wenig an, als wollten Sie einen Schritt machen, wenn sich der Niesreiz ankündigt.

Balancieren

Dies ist die unfehlbare und gleichzeitig spielerische Methode, um die Beckenbodenmuskulatur auf den Plan zu rufen. Zum Glück ist es nicht nötig, sich dazu in schwindelerregender Höhe auf einem Seil zu befinden. Sobald Sie aufpassen müssen, wo Sie hintreten, oder Gefahr laufen, aus dem Gleichgewicht zu kommen, balancieren Sie bereits. Üben Sie am besten barfuß.

Einbeinstand

- Stellen Sie sich beidbeinig hin, mit lockeren Knien, rückenlang und groß. Aktivieren Sie Ihren Beckenboden, und spüren Sie Ihre Fußsohlen.
- Verlagern Sie langsam das Gewicht auf das linke Bein, und heben Sie das rechte an. **4** Halten Sie Ihren Oberkörper gerade und den Schwerpunkt tief, während

EINFACH ÜBEN IM ALLTAG

Sie mit dem rechten Bein alle möglichen Faxen machen, die Schwierigkeit Ihren körperlichen Möglichkeiten angemessen.
› Für die Standwaage beugen Sie Ihren Oberkörper gerade nach vorn. **1** Oder Sie lassen sich auf einen imaginären Stuhl einbeinig nieder. **2**
› Probieren Sie aus, was geschieht, wenn Sie den Rücken rund machen: Die Beckenbodenspannung fließt weg, und Sie wackeln viel unsicherer herum.

Im Alltag: Balancieren macht Spaß. Stelzenlaufen, Einradfahren, Kästchenhüpfen, Zirkuskünste sind alles Beispiele dafür. Balancieren erfordert jedoch viel Konzentration, und die hat man im Alltag meist nicht. Schon wenn Sie Schuhe oder Socken im Stehen anziehen, müssen Sie unbedingt auf Ihren geraden Rücken achten. Und »Kunststücke« auf wackligen Stühlen sind selbstverständlich völlig tabu.

Seiltanzen

Legen Sie ein Seil in Bögen auf den Boden. Stellen Sie sich vor, diese Schlangenlinie sei ein schmaler Grat über einer tiefen Schlucht!

› Bereiten Sie sich wie beim Einbeinstand vor (Seite 83).
› Führen Sie jeden Schritt konzentriert aus, und achten Sie auf alle Empfindungen in Ihren Fußsohlen. 3
› Sobald Sie den Seilparcours ohne »Abstürze« bewältigen, können Sie den Schwierigkeitsgrad steigern. Bauen Sie Hindernisse ein 4 oder balancieren Sie beladen übers Seil. 5 Wichtig ist dabei nicht, dass es möglichst halsbrecherisch ist, sondern dass Sie Ihrer Körperkoordination – und Ihrem Beckenboden – volle Aufmerksamkeit schenken.

Übungstipp: Wenn Ihnen der Seiltanz zu albern ist, dann besorgen Sie sich eine Balancierplatte – die ist ein ernsthaftes und sehr empfehlenswertes Trainingsgerät. Und Kinder lieben es als Spielzeug.

Schritt vier: Aktiv sitzen und stehen

Stellen Sie sich einmal mit leicht angebeugten Knien hin und versuchen Sie, völlig stillzustehen. Sie werden merken, dass das fast unmöglich ist. Nach kurzer Zeit stellt sich bestimmt ein ganz leichtes Schwanken ein. Das bedeutet nun nicht, dass Sie besonders unruhig sind oder schon tattrig werden – es ist nur die natürliche Reaktion eines gesunden Körpers. Er ist nämlich bestrebt, die Muskulatur warm und reaktionsbereit zu halten. Wir sind einfach dafür gemacht, uns ständig zu bewegen.

Wenn Sie viel sitzen und stehen müssen, ist jede Menge Erfindungsreichtum gefragt, um Ihrem Körper seine Lebendigkeit zu erhalten. Denn sobald Sie nicht aufrecht auf Ihren Sitzhöckern sitzen oder mit durchgedrückten Knien stehen, geben Sie den natürlichen aktiven Grundzustand auf, und Ihre gesamte Muskulatur erschlafft – mit den beschriebenen negativen Folgen. Wenn Sie damit beginnen, öfter aktiv zu sitzen und zu stehen, werden Sie das anfangs fürchterlich anstrengend finden, denn Ihre Muskeln sind

Schritt vier: Aktiv sitzen und stehen PRAXIS

es einfach nicht gewöhnt. Doch als Belohnung erhalten Sie neben einem fitten Beckenboden auch eine gekräftigte Rückenmuskulatur.

Mikrobewegungen sind übrigens wunderbar geeignet, um auch in der Öffentlichkeit unsichtbar in Bewegung zu bleiben. Sie können Sie »groß« einstudieren und dann klein in Anwendung bringen – im Bus genauso wie im Büro.

Sitzen ist eine Aktivität

Allein Ihren Oberkörper aufrecht zu halten ist Arbeit. Zwar nicht sehr anstrengend, aber Sie müssen immerhin der Schwerkraft trotzen. Sobald Sie Ihr Becken nach hinten sinken lassen und sich anlehnen, geht der Tonus Ihres Beckenbodens gegen 0, und so sitzt man eigentlich meistens! Ein paar Prozent wären schon gut, und sobald Sie mit etwas Gewichtigem auf dem Tisch vor sich herumhantieren, auch ein paar Prozent mehr. Denn wenn Sie dies aus einer passiven, gerundeten Sitzhaltung heraus tun, droht Ihrem Beckenboden echte Gefahr: Bauchraumdruck (Seite 17). Auch häufiges Sitzen mit übereinandergeschlagenen Beinen ist nicht so günstig und außerdem schlecht für die Venen.

› Wenn Sie beruflich viel sitzen, ist das Wichtigste, dass Sie sich Abwechslung verschaffen. Denn man kann auch in der aufrechten Sitzposition einfrieren! Stehen Sie öfter zwischendurch auf, legen Sie sich einen zweiten Sitzplatz mit einem anderen Stuhl zu, vielleicht einem Kniesitzer oder einem Stuhl mit beweglicher Sitzfläche. Stehpulte oder Ballkissen zum Unterlegen sind weitere gute Variationen. Oder Sie sitzen auf Ihrem ganz normalen Stuhl öfter mal nur auf der vorderen Hälfte.

› Je bequemer ein Stuhl ist, desto größer die Verführung zusammenzusacken. Sofa und Sessel sind in dieser Hinsicht die perfekten Verführer. Einen Sessel benützen Sie am besten so kreativ wie möglich – zum Beispiel mit untergeschlagenen Beinen – und Ihr Sofa nur zum Liegen! Gönnen Sie sich lieber öfter tiefes Loslassen in der Horizontalen, anstatt viel Zeit halb entspannt herumzuhängen. Das bedeutet auch: Wenn Sie die Möglichkeit dazu haben, legen Sie sich eine Yogamatte ins Büro, und pflegen Sie das Viertelstündchen Mittagsschlaf. Sitzen Sie so oft wie möglich aktiv, und ruhen Sie sich dafür bewusst aus!

Wenn Sie viel stehen müssen

Wenn Sie mit durchgedrückten Knien oder in der Standbein/Spielbein-Position stehen, sind Beine und Becken starr wie Pfähle, und der Oberkörper sitzt eher schlaff darauf. Diese passiven, lässigen Stehhaltungen sind üblich, aber Gift für Ihren Bewegungsapparat.

EINFACH ÜBEN IM ALLTAG

> Sobald Sie beide Knie ganz leicht anbeugen, stehen Sie aktiv. Dadurch ist Ihr Becken beweglich, Ihr Oberkörper lebendig, Ihre Muskulatur verheizt auch im Stand Kalorien. Zudem fühlen Sie sich wach, handlungsfähig und angenehm tatbereit – probieren Sie es aus.

Zugegeben, längeres Stehen in dieser Position ist eine der härteren Übungen. Fangen Sie behutsam an, zum Beispiel an der Bushaltestelle. Das dauert meist nicht ganz so lang.

Und wenn Sie doch länger stehen müssen? Womöglich noch bei einer langweiligen Veranstaltung? Wechseln Sie häufig die Stehposition, und gönnen Sie Ihrem Beckenboden ein bisschen Unterhaltung. Die Anregungen zum bewegten Stehen sind als Mikrobewegungen wunderbar alltagstauglich.

So üben Sie richtig: Picken Sie sich eine einzige der folgenden Anregungen heraus, und achten Sie 2 bis 3 Wochen lang darauf. Machen Sie die Übung mehrfach täglich ein paar Minuten lang.
Kleben Sie sich Merkzettel an PC und Badezimmerspiegel!

Aufgeweckt sitzen

Die folgenden Übungen und Tipps können Sie einfach in Ihre sitzende Zeit einbauen. Innerhalb kurzer Zeit machen Sie es nebenbei.

1

Den Stuhl reiten

Zeigen Sie Ihrem Bürostuhl, wer der Boss ist.

> Nehmen Sie die Grundposition im Sitzen ein – aufrecht auf der vorderen Hälfte des Stuhls, Beine parallel und hüftbreit, Füße flach auf dem Boden.

> Spüren Sie Ihre Sitzhöcker, und stellen Sie sich vor, mit ihnen kleine Kuhlen in das Polster zu graben, von hinten nach vorn.

1 Ihr Becken macht kleine, kaum sichtbare Schaufelbewegungen: Der Rücken wird lang, wobei der Beckenboden etwas kontrahiert, dann rollt das Becken wieder zurück, sodass sich die Innenkrümmung

der Wirbelsäule wieder einstellt und der Beckenboden etwas nachgibt. Sie können sich auch einen endlosen Horizont vorstellen, auf den Sie gemächlich zureiten!
› Bleiben Sie unbedingt groß dabei. Sie können auch im Atemrhythmus üben.

Im Alltag: Wenn Sie dumme Sprüche von Kollegen mit Humor nehmen können, dann besorgen Sie sich doch Spielsachen für Ihren Beckenboden! Alles, worauf Sie sich setzen können, zählt dazu – wie Handtuchrolle, Tennisball, Ballkissen –, auch ein kleiner Ball oder Luftballon, den Sie zwischen die Knie klemmen. **2** Das hilft Ihnen, gut geerdet zu bleiben, auch wenn es heiß hergeht.

Drehstuhltango

Erinnern Sie sich daran, wie die Füße den Beckenboden einschalten? Als Mikrobewegung ist das absolut bürotauglich.
Um sicher groß zu bleiben, können Sie sich ein kleines Kirschkernkissen oder ein zusammengefaltetes Tuch auf den Kopf legen.

› Aus der Grundposition heraus drücken Sie in selbst gewähltem Rhythmus Ihre Fersen und Fußballen nach unten – einzeln oder beide gleichzeitig. **3**
› Heben Sie die Beine abwechselnd minimal an, ohne dass die Fußsohlen den Boden verlassen.

EINFACH ÜBEN IM ALLTAG

› Tippeln Sie in Millimeterschrittchen nach rechts und links, während Ihr Oberkörper zum Beispiel zum Bildschirm gerade ausgerichtet bleibt. **1**

Im Alltag: Spielsachen für die (Bar-)Füße unterstützen das aktive Sitzen sehr. Legen Sie einfach kleine Gegenstände, die Ihre Zehen greifen können, unter den Tisch, **2** am besten kantige, damit sie Ihnen nicht ständig wegrollen. Oder eine raue Kokosmatte – sehr belebend!

Handlungsbedarf

Bugsieren Sie häufig im Sitzen pralle Ordner oder volle Saftflaschen herum? Um Sie vor dem Rundrücken zu schützen, machen wir eine hübsche Übung für den Beckenboden draus.

Hier hast du!

Sobald Sie etwas Schweres bewegen, müssen Sie in die aktive Sitzposition kommen: Auf die vordere Hälfte des Stuhls, weg von der Lehne. Die Schrittstellung hilft Ihnen, auch im Sitzen aktiv zu bleiben.

› Fassen Sie das Gewicht mit der rechten Hand, und bringen Sie den linken Fuß unter Ihren Körper. Atmen Sie ein. **3**
› Mit dem Ausatmen drücken Sie den linken Fuß in den Boden. Spüren Sie die Kraft-

Schritt vier: Aktiv sitzen und stehen — PRAXIS

linie – durch Ihren ganzen Körper bis zu Ihrer rechten Hand –, und schieben Sie sich zusammen mit dem Gewicht vom Becken aus hoch. **4**

› Setzen Sie sich ebenso konzentriert wieder hin. Lösen Sie die Spannung erst, wenn Sie das Gewicht abgesetzt haben.

› Wenn Sie das Gewicht jetzt auch noch am langen Arm über den Tisch reichen wollen, ist es besonders wichtig, es mit der Kraft aus dem Becken zu verbinden.

› Üben Sie auch in der Kombination »linke Hand, rechter Fuß«, egal ob Sie rechts- oder linkshändig sind.

Der isometrische Tisch

Diese Bewegung benötigen Sie zum Beispiel, wenn Sie schwere Schubladen aufziehen oder im Sitzen etwas verschieben. Die Trockenübung dazu eignet sich prima für zwischendurch. Der Tisch sollte sich nicht oder nur schwer bewegen lassen.

› Sitzen Sie auf der vorderen Hälfte des Stuhls, Becken aufgerichtet, Füße in Schrittstellung.
› Fassen Sie mit beiden Händen die Kante der Tischplatte. Atmen Sie ein.
› Lassen Sie mit dem Ausatmen Ihren Schwerpunkt tiefer sinken (Seite 71), und beginnen Sie, sich langsam steigernd, gegen den Tisch zu drücken. Beobachten Sie, wie verstärkend es wirkt, wenn Sie Ihre Sitzhöcker zusammenziehen und die Füße mitarbeiten lassen. **1**

› Lösen Sie mit dem Einatmen Ihren Druck. Mit dem nächsten Ausatmen versuchen Sie, den Tisch zu sich herzuziehen. **2**
› Wiederholen Sie das einige Male.
› Als Steigerung können Sie den Druck einige Atemzüge lang aufrechterhalten und bis zu Ihrer maximalen Kraft verstärken.
› Bleiben Sie dabei groß, und halten Sie Ihre Schultern entspannt!

Den Stand aufspannen

Hier ein paar Anregungen, wie Sie Ihr »Fahrgestell« auf die aktiveren Gewohnheiten vorbereiten. Ein schwacher Beckenboden geht meist einher mit einer Beinachse, die gern nach innen kippt. Das begünstigt X-Beine, Senkfüße und Hallux valgus. Deshalb ist es sehr wichtig, die Beinachse zu stabilisieren.

Schritt vier: Aktiv sitzen und stehen — PRAXIS

Kniekreise

- Stehen Sie mit leicht angebeugten Knien, Füße parallel, und lassen Sie Ihren Rücken lang werden.
- Beschreiben Sie mit beiden Knien kleine Kreise: gleichzeitig mit beiden nach vorn außen und hinten innen wieder zurück. Geben Sie kräftigen Druck nach außen, als wollten Sie Ihre Füße auseinanderschieben. Die Knie zeigen immer nach vorn, die Fußsohlen bleiben am Boden. **3**
- Sie können diese kleine Bewegung bis zur unsichtbaren Mikrobewegung reduzieren.

High Noon

- Stellen Sie sich dicht neben einen festen Gegenstand in Ihrer Unterschenkelhöhe. Beine parallel, Knie leicht gebeugt, Füße flach am Boden. Atmen Sie ein.
- Lassen Sie Ihren Rücken lang werden, und drücken Sie ausatmend langsam steigernd gegen den Gegenstand. Ihre Fußsohlen bleiben ganz am Boden. **4** Spüren Sie, wie Ihr Beckenboden im gleichen Maße immer stärker anspannt und was für einen stabilen Stand Sie dadurch bekommen?

Im Alltag: Aktiv stehen in (U-)Bahn oder Bus! Umfassen Sie eine Haltestange ganz locker und versuchen Sie, das Geruckel nur aus dem »tiefergelegten« Beckenboden auszugleichen.

Den Rücken lang ziehen

Wenn Sie sich häufig in der Hohlkreuzhaltung ertappen, sollten Sie sich dringend den Rücken lang ziehen. Sehr entlastend für die Lendenwirbelsäule!

> Schieben Sie die Daumen in die rückwärtigen Hosenschlaufen oder in den Bund. Atmen Sie ein.
> Ziehen Sie ausatmend Ihren unteren Rücken mit Hilfe der Daumen nach unten, während Sie groß bleiben. **1** Merken Sie, wie Ihre Knie nicht anders können, als sich zu lösen?
> Rollen Sie auf diese Weise Ihr Becken ein paar Mal vor und zurück. Sobald Sie etwas Übung haben, brauchen Sie Ihre Hosenschlaufen nicht mehr zu strapazieren: Legen Sie einfach eine Hand aufs Kreuzbein und schieben Sie es hinunter.
> Dazu können Sie auch den Beckenboden etwas stärker aktivieren.

Im Alltag: Beim Warten an der Supermarktkasse helfen winzige Kniekreise und unsichtbares Rücken-Langziehen gegen Ungeduld. Und der aktivierte Beckenboden macht sich anschließend beim Taschentragen nützlich!

Schritt vier: Aktiv sitzen und stehen PRAXIS

Bewegt stehen

Wenn Sie sich einmal daran gewöhnt haben, geht es wie von selbst.

Heimlicher Einbeinstand

> Stehen Sie mit leicht angebeugten Knien, und lassen Sie Ihren Rücken lang werden.
> Verlagern Sie Ihr Gewicht langsam völlig auf ein Bein. **2** Spüren Sie Ihren Beckenboden, und verstärken Sie die Spannung etwas. Vermeiden Sie es, dabei zu schwanken, drehen Sie Ihren Körper besser in eine ganz leichte Spirale.
> Wechseln Sie auf das andere Bein. Machen Sie die Bewegung als Mikrobewegung unsichtbar.
> Der Unterschied zur normalen Standbein-/Spielbein-Position ist, dass beim heimlichen Einbeinstand Ihr Standbein aktiv ist. Sie können dies verstärken, indem Sie winzige »Kniebeugen« damit machen. Spüren Sie, wie sich Ihr Rücken und Nacken dabei strecken.

Im Alltag: Gute Gelegenheiten für bewegtes Stehen sind morgendliche Rituale. Wie wäre es zum Beispiel damit, die Zähne in einer federnden Abfahrtshocke oder im Einbeinstand zu putzen?

Die rettende Schrittstellung

Wenn Sie eine monotone Aufgabe haben, bei der Sie im Stehen hantieren müssen, kann Ihnen das den Tag retten: aktives Gewichtverlagern, »überflüssige« Wege erfinden, wiegende und drehende Bewegungen – all das verhindert, dass Sie rasch ermüden, und hält Sie bei guter Laune.
Nutzen Sie das, wenn Sie im Stehen leichte Arbeiten verrichten, zum Beispiel Gemüse putzen oder den Kopierer bedienen. Auch wenn Sie etwas mehr Kraft anwenden müssen, sei es beim Heben – große Töpfe, Aktenberge – oder beim Nach-unten-Drücken wie beim Bügeln, hilft Ihnen Bewegung.

EINFACH ÜBEN IM ALLTAG

Bügel-Boogie

> Stellen Sie den Wäschekorb und die Ablage für die gebügelte Wäsche jeweils einen Schritt entfernt in Griffhöhe ab.
> In Schrittstellung verlagern Sie das Gewicht auf das vordere Bein und den Schwerpunkt in den Beckenboden. **1**
> Immer wenn Sie mit dem Bügeleisen Druck ausüben, auch wenn er nur leicht ist, holen Sie die Kraft dazu aus dem Beckenboden. Ihr Standbein drückt dabei nach unten. Wechseln Sie die Beinstellung ziemlich oft, zum Beispiel jedes Mal, wenn Sie das Bügeleisen abstellen, sodass sich eine wiegende Bewegung ergibt. Bringen Sie auch die Schritte zu den Ablagen in einen wiegenden Rhythmus.
> Wenn Sie lange Teile bügeln, können Sie für den Oberkörper zusätzlich weiche Drehbewegungen finden, die auch noch Ihrem Rücken guttun. **2**

Schritt fünf:
Dynamisch unterwegs

Der Mensch ist ein Fußgänger. Unser Körper ist dafür gemacht. Wir können unglaubliche Strecken verhältnismäßig ermüdungsfrei zurücklegen.
Der Beckenboden spielt dabei eine große Rolle. Ohne ihn würden wir kein Bein auch nur einen Zentimeter vom Boden bekommen. Beim Gehen arbeiten rechte und linke Beckenbodenhälfte abwechselnd beziehungsweise ineinander übergehend. Das ermöglicht den Dauergebrauch, weil sich eine Seite sozusagen immer ausruhen kann.

Jeder von uns benutzt also seinen Beckenboden beim Gehen. Aber meist ist dieser entweder zu schlaff – dann kommt ein träger, schwerer Gang heraus – oder zu angespannt – dann ist der Gang eher zackig und so hart, dass man lieber kein Hüftgelenk sein möchte.
Ein guter Gang ist geschmeidig, federnd leicht und gleichzeitig kraftvoll. Der Fuß rollt ab, und der ganze Körper bewegt sich mit: Die Hüfte kreist, Rücken und Schultern leiten die natürliche Spiralbewegung nach oben weiter.

Das klingt sehr verlockend? Ist es auch. Aber wenn Sie Ihren Gang verändern wollen, brauchen Sie etwas Geduld. Die Art und Weise, wie Sie durchs Leben gehen, haben Sie jahrzehntelang geübt. Nicht umsonst erkennt man Menschen von weitem meist zuerst am Gang, auch ob es eine Frau oder ein Mann ist. Kinder haben oft einen sehr ähnlichen Gang wie Mama oder Papa – eben erlernt durch Imitation. Aber mit den folgenden Übungen bekommt Ihr individueller Gang Impulse, um insgesamt harmonischer zu werden.

Sie können sich vorstellen, dass Sie bei langsamem Gehen etwa 30 %, bei flottem Gehen vielleicht 50 %, beim Joggen 80–90 % Beckenbodenaktivität benötigen. Die angemessene Spannung ist ebenso wichtig wie die Koordination von rechtem und linkem Beckenboden.

Aber bloß kein Stress, wenn Sie dies nicht von Anfang an bewusst hinbekommen! Diese »Kleinigkeiten« regelt Ihre Körperintelligenz, wenn Sie die aktivierenden Bewegungsprinzipien beherzigen. Sobald Sie Ihren Beckenboden besser kennen, nehmen Sie auch wahr, was in Ihrer Körperbasis bei jedem Schritt geschieht.

Wie Sie Ihren Gang geschmeidig bekommen und beckenbodenaktiv, sodass Ihr Beckenboden weder wie ein Trampolin durchhängt noch durch harte Schritte dauernd Schläge bekommt und Sie Spaß am Gehen, Laufen, Hüpfen, Tragen und Treppensteigen haben, zeigt Ihnen das nachfolgende Kapitel.

Freiheit für die Füße!

Die Füße schalten den Beckenboden ein. Wenn sie in starres Schuhwerk gezwängt werden, wo die Zehen keine Bewegungsfreiheit haben, ist damit Schluss. Hochhackige und enge Schuhe sind eine Tortur für die Füße, die man ihnen nur antun kann, weil sie nicht schreien können. Kleine Kinder zerren sich oft ihre Schuhe von den Füßen, sobald Mama wegguckt, sie spüren noch, dass man etwas verliert, wenn man die Dinger trägt.

Jetzt können wir aber nicht dauernd barfuß oder in breiten Gesundheitslatschen unterwegs sein. Was tun?

› Abwechseln! Variieren Sie unbedingt bei der Absatzhöhe. Gönnen Sie Ihren Füßen möglichst flexibles Schuhwerk, und ziehen Sie die Schuhe aus, wann immer sich eine Gelegenheit bietet.

So üben Sie richtig: Bei den folgenden Übungen ist die beste Orientierung, ob Sie es »richtig« machen, die Lust an der Kraft. Sonst fühlen Sie sich möglicherweise, als hätten Sie zwei linke Beine! Üben Sie täglich ein bisschen, am besten auf einer bestimmten Strecke oder Treppe, und so lange, bis Sie sich aufs Gehen und Treppensteigen freuen. Und dann natürlich für immer!

Schritt fünf: Dynamisch unterwegs — PRAXIS

Gehen – beckenbodenaktiv

Hier die Anleitung fürs Gehen nach den aktivierenden Bewegungsprinzipien. Üben Sie zuerst barfuß. Nach und nach werden Sie einiges an Schuhwerk mit aktivem Beckenboden bewältigen.

In die Basis …

› Stehen Sie mit leicht gebeugten Knien. Legen Sie Ihren Schwerpunkt tiefer, indem Sie die Aufmerksamkeit zu Ihrem Beckenboden bringen. Sie sind groß und entspannt, die Schultern locker, Ihr Hinterkopf nach oben ausgerichtet.

… fertig …

› Blinzeln Sie Ihren Beckenboden an, und bringen Sie ihn etwas in die Gänge, indem Sie das Gewicht verlagern, als ob Sie im Stehen gehen würden. Zuerst, ohne die Füße vom Boden zu lösen, dann heben Sie sie ein klein wenig ab. **1**

… los!

› Gehen Sie ganz langsam los. **2** Spüren Sie bei jedem Schritt, wie Sie die Ferse aufsetzen, bis zum Ballen abrollen und sich dann vom Großzehengrundgelenk aus abdrücken. Ihre Zehen greifen in den Boden, als würden Sie in Sand laufen.

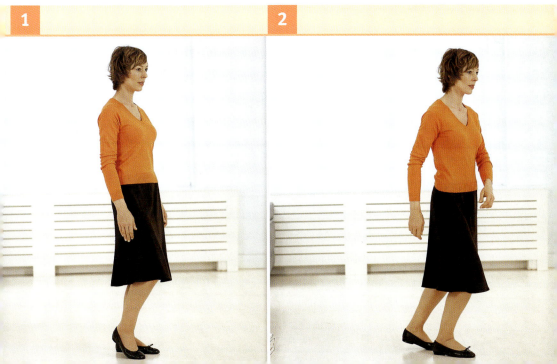

EINFACH ÜBEN IM ALLTAG

1

umgekehrt. Verstärken Sie diesen Armschwung. Es darf ruhig ein bisschen übertrieben aussehen. 1

> Vielleicht federn Sie auch schon in den Beinen? Wenn Sie Ihren Beckenboden kräftig aktivieren, entwickeln Sie überschüssige Energie, die sich darin äußert, dass Sie bei jedem Schritt auf und ab wippen. Wenn Sie das noch weiter steigern, dann geraten Sie in etwas, was Kinder liebend gerne tun: den Hopserlauf. Dabei stoßen Sie sich immer mit Vorfuß und Zehen vom Boden ab, und Ihr Beckenboden spannt sich sicher und stark an.

> Reduzieren Sie jetzt die überschießenden Bewegungen, und finden Sie zu einem straßentauglichen, natürlich aussehenden Gang. Mit dem Sie sich dynamisch fühlen, flott vorankommen und entspannt bleiben. Ihr persönlicher Gute-Laune-Gang!

Im Alltag: Barfußlaufen ist ein wahres Elixier für die Bewegungsdynamik Ihres Körpers. Nur sind die ebenen Böden in der Wohnung nicht sehr inspirierend dafür – besser sind Untergründe, die Ihre Füße herausfordern. Wenn Sie im Sand laufen, muss die Fußmuskulatur kräftig arbeiten, und Feldwege, Wiesen, Stoppelfelder, Ackerränder und Flusskiesel lassen Ihre Füße wieder ganz lebendig werden. Sie fangen an, sozusagen »mitzudenken«, wohin Sie den nächsten Schritt setzen sollen. Nach einem Barfußspaziergang fühlt man sich auf ganz eigene Weise hellwach und erfrischt.

Und etwas flotter

Sobald Ihnen das Gehen mit Aufmerksamkeit für Ihre Füße und Ihren Beckenboden »geläufig« ist, können Sie den Turbo dazuschalten:

> Halten Sie die Schultern bewusst locker, und beobachten Sie Ihre Arme. Wenn Sie sie nicht führen, sondern locker pendeln lassen, wird der rechte Arm immer mit dem linken Bein nach vorn schwingen und

Schritt fünf: Dynamisch unterwegs

Rollen statt stauchen

Bei den meisten Menschen bewegt sich das Becken beim Gehen nicht, es ist so fest, als wäre es eingegipst. Oder die Hüften bewegen sich wie zwei Kolben auf und ab. In beiden Fällen ist jeder Schritt »erschütternd«. Aber auch, die Hüften rechts und links herauszuschieben, um einen sexy Gang zu haben, entspricht nicht der Bewegungsnatur des Körpers. Natürlich ist ein weiches Rollen. Die Hüfte dreht mit jedem Schritt leicht nach vorn, und gleichzeitig kreisen die beiden Hälften des Beckens im versetzten Rhythmus hinten hinunter, vorn hoch, ohne dass dies in irgendeiner Weise übertrieben aussieht oder gar auffällt. Es ist einfach ein geschmeidiger Gang.

Leider funktioniert es nicht sehr gut, wenn man versucht, diese Bewegung zu »machen«. Besser ist es, Sie ermutigen Ihren Körper dazu, es im Laufe der Zeit selbst zu lernen, und folgende Übung hilft dabei:

Kreise schieben

Legen Sie sich ein Kirschkernsäckchen (oder ein zusammengefaltetes Tuch) auf den Kopf, und stellen Sie sich vor eine Treppe.
> Setzen Sie den rechten Fuß auf die erste Stufe, und fassen Sie die rechte Hüfte mit beiden Händen an. Das linke Bein ist im Knie locker.

2

> Lassen Sie die rechte Hüfte Kreise beschreiben – hinten hinunter, vorn hoch –, und unterstützen Sie diese Bewegung mit Ihren Händen. **2** Achten Sie darauf, dass Ihr Kopf nicht auf und ab wippt, sondern auf gleicher Höhe bleibt.
> Gegengleich üben Sie auch mit der linken Seite. Wichtig ist, dass Ihre Kreise nicht zur Seite »ausladen«, sondern ganz vertikal verlaufen, immer nach hinten-unten und vorn-hoch, niemals andersherum.

Im Alltag: Sobald Sie etwas »Hüfterfahrung« haben, probieren Sie doch mal Beckenkreise auf dem Fahrrad. Dabei rotiert die Hüfte auf derjenigen Seite nach hinten, wo Sie gerade nach vorn ins Pedal treten. Dies ist leichter auszuführen, als es sich vorzustellen!
Treten Sie kraftvoll vom Beckenboden aus in die Pedale, konzentrieren Sie sich auf die Hüftkreise – und auf die Straße bitte! –, und lassen Sie Ihren Körper die restlichen Details selbst koordinieren.

Treppen steigen

Einen Höhenunterschied zu überwinden ist richtig Arbeit! Deshalb steigen die meisten Menschen Treppen mit Schwung, erkennbar daran, dass der Oberkörper vor- und zurückpendelt. Nur: Wenn man den Körper als passive Schwungmasse einsetzt, erzeugt man bei jeder Stufe unnötigen Bauchraumdruck (Seite 17). Setzen Sie darum lieber die vereinten Muskelketten des ganzen Körpers ein. Das stützt Ihren Beckenboden und trainiert ihn. Am Ende der Treppe werden Sie zwar genauso außer Puste sein, wie wenn Sie sich im Schlapp-Modus hochgeschwungen haben, denn es ist nicht weniger anstrengend, aber Sie werden sich viel besser fühlen.

1

Treppen steppen

Zu dieser Vorübung können Sie wieder das Kirschkernsäckchen auf den Kopf legen.

› Stellen Sie den rechten Fuß auf die erste Stufe.
› Aktivieren Sie Ihren Beckenboden, während Sie das Gewicht langsam vollständig auf das rechte Bein verlagern. Der linke Fuß berührt den Boden nur noch mit den Zehen. **1** Wachsen Sie noch ein Stückchen. Wenn sich Ihre linke Schulter nach vorn drehen will, ist das fein.
› Verlagern Sie Ihr Gewicht wieder auf den linken Fuß und setzen Sie ihn ab. **2**

> Wiederholen Sie dies einige Male, und wechseln Sie dann die Seite.

Treppauf – schwungvoll

Dies ist die junge und flotte Variante:

> Setzen Sie nur den Vorfuß auf die Stufen. Stoßen Sie sich jeweils mit dem unteren Fuß ab, indem Sie sich einen Impuls mit dem Beckenboden geben. **3** Wachsen Sie nach oben! Wenn Ihre Hüfte von selbst mit jedem Schritt nach vorn rotiert, wunderbar.
> Wenn Sie das Gefühl haben, dass es Sie nach oben zieht, machen Sie es richtig!

Treppauf – beladen

Lassen Sie es ruhiger angehen, wenn Sie schwer beladen, schon etwas älter oder einfach müde sind.

> Setzen Sie den ganzen Fuß auf die Stufe. Verlagern Sie Ihr Gewicht auf den vorderen Fuß und spüren Sie, wie der Beckenboden auf dieser Seite anspannt. **1**
> Verstärken Sie die Spannung, und schieben Sie sich mit dieser Kraft nach oben.
> Der andere Fuß kommt ganz mühelos hoch und übernimmt jetzt die Spannung für die nächste Stufe. Bleiben Sie groß, bei jedem Schritt, bis ganz oben.

EINFACH ÜBEN IM ALLTAG

Treppab

Abwärtsgehen ist für Sie nicht anstrengend, für Ihren Beckenboden schon. Denn allein durch das Gewicht Ihres Körpers entsteht bei jeder Stufe ein gehöriger Abwärtsschwung, egal ob Sie aufprallen oder abfedern. So schützen Sie ihn wirkungsvoll:

› Spannen Sie Ihren Beckenboden die ganze Treppe hinunter ziemlich kräftig an, und bleiben Sie groß. Dann können Sie gehen, laufen, hopsen – und tragen, was Sie wollen. Gut ist es, die Füße lang zu machen, sodass sich die Fußspitzen schon nach der nächsten Stufe ausstrecken. Das macht Ihr Treppab weich und fließend. 1

Tragen

Tragen bedeutet, beladen zu gehen. Und wenn Sie Ihren Beckenboden kräftig mithelfen lassen, trägt es sich viel leichter. Dazu ist es wichtig, das Gewicht so zu platzieren, dass es in die Kraftlinie kommt.

Die beste Möglichkeit wäre, es auf dem Kopf zu tragen. Das erzieht den Körper dazu, kerzengerade zu bleiben, sich ordentlich spiralig zu verschrauben, geschmeidig und kraftvoll zu gehen und natürlich den Beckenboden intensiv einzusetzen. Nur ist es in unserem Kulturkreis leider ganz unüblich, diese Transportmöglichkeit zu praktizieren.

Auch die zweitbeste Möglichkeit – der Rucksack mit Beckengurt – ist nur bedingt straßentauglich. Bei schweren Rucksäcken oder Kraxen für Kleinkinder sollte man den Beckengurt übrigens unbedingt anlegen.

Ganz vertretbar ist es, das Gewicht nicht zu tragen, sondern zu ziehen oder zu schieben – aber aus dem Becken, bitte! Die nächstbeste Variante ist der normale Rucksack, der aber ziemlich an den Schultern zieht.

Wenn Sie Taschen über der Schulter oder in der Hand tragen, dann versuchen Sie möglichst, das Gewicht auf beide Seiten zu verteilen. Schwere Taschen einseitig zu tragen ist das Schlusslicht in der Hitliste der Tragemöglichkeiten!

Schritt fünf: Dynamisch unterwegs

PRAXIS

Erhobenen Hauptes

Die Generation unserer Großmütter hat, um eine gute Haltung zu üben, Bücher treppauf, treppab auf dem Kopf balanciert. Machen Sie es ihnen in der folgenden Übung nach – erst mal ebenerdig und bitte nur, wenn Ihre Halswirbelsäule völlig in Ordnung ist.

› Stehen Sie mit lockeren Knien, und legen Sie sich etwas nicht zu Leichtes auf den Kopf. Es sollte gut sitzen und so positioniert sein, dass Ihr Hinterkopf entspannt nach oben strebt. Halten Sie es mit einer Hand fest. **2**
› Bewegen Sie sich mit diesem Gewicht vorwärts, und spüren Sie, wie es Sie »erzieht«. Wenn Sie ein wenig zu hart auftreten oder den Rücken runden, spüren Sie das sofort unangenehm im Hals. Wenn Sie sich hingegen von den Füßen aus nach oben schieben und wenn sich das Becken als Zentrum weich bewegt, dann tragen Sie das Gewicht ganz mühelos.
› Wenn Sie Lust dazu haben, dann steigern Sie den Schwierigkeitsgrad: Balancieren Sie die Treppe auf und ab oder über kleine Hindernisse am Boden hinweg.

Im Alltag: Ran an den Körper! Machen Sie sich das Leben leichter, tragen Sie Schweres immer dicht am Körper, egal ob es kleine Kinder oder Einkaufstaschen sind. Das bringt das Gewicht mit Ihrem Körperschwerpunkt in Verbindung.

Ziehen Sie deshalb auch beim Umzug, bei der Renovierung oder Gartenarbeit unbedingt die letzten Drecksklamotten an: damit Sie ohne Skrupel auch Farbeimer und Blumentöpfe innig gegen Ihren Körper pressen. Ihre Kinder werden von Ihrem Aussehen begeistert sein.

2

»WIE SOLL DAS GEHEN …?«

Die Umgestaltung des Alltags stellt Gewohnheiten auf den Prüfstand, eröffnet neue Perspektiven und wirft manche Fragen auf. Hier einige, die häufig gestellt werden.

Wie soll das gehen, das Bücken zu vermeiden? Außerdem tut mir das Rundmachen manchmal richtig gut. Das Hinunterrollen ist doch eine Rückenübung, die oft gemacht wird.

Sie können und sollen das Bücken nicht völlig vermeiden, sondern reduzieren – vor allem, wenn Sie etwas heben. Hinunterzukommen ist auch nicht das Problem, nur das Wiederhochkommen. Darum: Rollen Sie sich ruhig genussvoll hinunter, aber rollen Sie auch wieder hoch, und sehr aufmerksam!

Man kann doch nicht den ganzen Tag ohne Lehne sitzen, zehn Minuten sind schon anstrengend!

Gewöhnen Sie sich langsam daran, am besten durch die Übungen zum bewegten Sitzen. Ihre Rückenmuskulatur wird sich dadurch im Laufe der Zeit kräftigen, sodass Sie immer länger frei sitzen können. Aber überfordern Sie sich nicht, denn wenn man längere Zeit sitzt, ist die Gefahr groß, dass man eben doch »einfriert«, und das ist auch wieder nicht gut für den Rücken. Am besten verschaffen Sie sich zuerst Abwechslung beim Sitzen (Seite 87).

Ich bin Tierpflegerin, und die sperrigen Futterkisten kann man einfach nicht vernünftig anpacken. Es ist auch niemand da, mit dem ich das zusammen machen kann.

Da gibt es nur eins: Beckenboden anspannen und zusammenzurren, so gut es geht. Das ist besser als nichts. Und werden Sie nicht müde, nach besseren Möglichkeiten Ausschau zu halten: vielleicht die Kisten zuerst kippen oder mit Gurtband und Möbelgleitern ziehen oder eine Sackkarre verwenden oder …

Was ist von diesen MBT-Schuhen zu halten?

Sie sind eine Innovation, die in die richtige Richtung geht, und machen das Gehen auf harten Böden weicher. Da der Fuß intensiv arbeiten muss und man quasi ständig balanciert, aktiviert man mit diesen Schuhen auch automatisch den Beckenboden. Ich habe selbst welche und liebe sie, aber nicht jeder kommt mit ihnen zurecht. Probieren Sie es aus.

Schritt sechs: Die Last zur Lust machen

Wenn Sie alle körperlich anstrengenden Arbeiten als potenzielle Möglichkeiten betrachten, Ihrem Körper die Bewegung zu verschaffen, die ihm guttut, werden Sie auch ungeliebten Plackereien etwas abgewinnen können.

Alles, was den Körper fordert, ruft auch den Beckenboden auf den Plan. Mit der Lust an der Kraft kann voller Einsatz richtig Spaß machen. Anstrengendes ist aber nicht ungefährlich – deshalb bekommen Sie hier die genaue Anleitung für »gute Arbeit«.

Es ist immer das Gleiche …

❯ Wenden Sie die aktivierenden Bewegungsprinzipien konsequent an – was bedeutet, dass Sie Ihre Muskeln stärker einsetzen. Auch wenn sich das anstrengender anfühlt als die »schonenden« Bewegungen, die Ihnen im Endeffekt nur schaden.
❯ Finden Sie den richtigen Hebel, um den Schwerpunkt ins Becken zu verlagern.
❯ Atmen Sie tief und entspannt ein, holen Sie die Kraft mit der Ausatmung aus dem Becken.

Ob Sie eine volle Gießkanne aus der Regentonne schöpfen, ein störrisches Marmeladenglas aufschrauben oder ein Loch in die Wand bohren – diese Abfolge ist immer gleich.
Und sobald sie zu einem Reflex geworden ist, werden Sie erstaunlich vieles zwar nicht mit links, aber mit Beckenboden und einem Lächeln erledigen – und hinterher nicht erledigt sein! Dann sind Sie auch nicht auf die hier beschriebenen Beispiele beschränkt, sondern fit für alles Schwere, das Ihnen in die Quere kommt.

Rund werden vermeiden!

Wenn Sie den Rücken rund machen, fließt Ihre Beckenbodenspannung weg – und damit Ihre Energie. Der Rücken muss einspringen, Ihre Arbeitsergonomie ist beim Teufel, und alles wird unangenehm und bleischwer. Sie wollen nur noch schnell fertig werden und am liebsten nie wieder tun, was Sie gerade tun. Erst mit der richtigen Haltung hat die Lust an der Kraft eine Chance!

So üben Sie richtig: Üben Sie, was Sie brauchen. Identifizieren Sie in Ihrem Alltag eine Tätigkeit, die Sie verändern möchten – vielleicht, weil sie Sie erschöpft. Nehmen Sie sich die Zeit, diese Arbeit, immer wenn sie ansteht, ganz bewusst mit aktivem Beckenboden zu tun. Das dauert nur die ersten Male länger!

Bücken und heben

Grundsätzlich ist Bücken eine Bewegung, die ihre Berechtigung hat. Unser Rücken kann es und braucht es auch. Wir bücken uns aber zu oft und meist unergonomisch. Vermutlich liegt das auch daran, weil man schnell und leicht hinunterkommt, indem man sich bückt. Es ist viel aufwendiger, gerade runterzugehen. Aber dann muss man wieder hoch, und das ist das dicke Ende des Bückens! Denn allein der Oberkörper hat schon ein ganz schönes Gewicht.
Lernen Sie, am Bücken zu sparen – durch Ergonomie und Alternativen. Sie müssen es noch oft genug tun. Und wenn Sie sich bücken, dann machen Sie es bitte richtig – Ihr Beckenboden und Rücken werden es Ihnen danken!

Ergonomie zuerst

Wenn man erschöpft ist, gibt der Beckenboden besonders leicht nach. Diese Empfehlungen bewahren Sie davor, sich unnötig zu verausgaben.

Wege statt bücken

Unter Ergonomie wird oft verstanden, Bewegungen einzusparen. Lernen Sie zu unterscheiden. Sparen Sie ungünstige Haltungen ein, aber keinesfalls Bewegungen. Wenn Sie zum Beispiel häufiges Bücken nach der Wäsche vermeiden können, indem Sie den

Schritt sechs: Last zur Lust machen

Wäschekorb ein paar Schritte von der Leine entfernt, aber dafür in Griffhöhe abstellen können, dann sollten Sie dies bevorzugen.

Unten bleiben

Wenn Sie viele kleine Sachen einsammeln, ob Bauklötze oder Erdbeeren, bleiben Sie am besten unten.

› Die Knierutsche: Mit dem vorderen Bein nach vorn und mit dem hinteren nachrutschen, dabei mit dem Arm abstützen. **1**
› Hocken, Knien, Schemel: Ob im Haus oder im Garten – diese Varianten ersparen Ihnen ebenfalls viel Auf und Ab. Finden Sie heraus, was angenehm und praktikabel für Sie ist.

Abstützen

Unglaublich einfach und wichtig, um Ihren Rücken zu stützen, der dadurch gerade bleiben kann. Wenn ältere Leute sich so bücken, sieht das meist mühsam aus, aber wenn Sie Ihren Beckenboden aktivieren, dann verleiht Ihnen das beiläufige Abstützen so etwas wie entspannte Dynamik. Lassen Sie es zum Reflex werden.

Und so können Sie sich abstützen:
› mit der Hand, wo immer Sie Halt finden,
› mit dem Unterarm auf dem Oberschenkel **1** **2** oder auch mit der Hand (siehe Seite 110/2),
› den Oberkörper auf dem Oberschenkel ablegen. **3**

EINFACH ÜBEN IM ALLTAG

Anstatt Bücken

Schnell und leicht: die Standwaage

Kleinigkeiten hebt man im Vorübergehen mit der Standwaage leicht und elegant auf. Sie ist im Prinzip ein lockerer Einbeinstand, also Balancieren. Prima geeignet beim Aufräumen und hunderttausend anderen Gelegenheiten, zum Beispiel um mal schnell den Besteckkasten aus der Geschirrspülmaschine herauszupflücken. Nicht so geeignet ist die Standwaage, um schwere Sachen aufzuheben oder solche, die auf dem Boden liegen.

› Stellen Sie Ihr linkes Bein etwa eine Fußlänge vor das Teil, das Sie aufheben wollen, und greifen Sie mit ausgestrecktem linken Arm danach. Das linke Knie beugt sich etwas, und Ihre gesamte rechte Körperseite weicht nach oben und hinten aus. Der Rücken kann schön gerade bleiben. Achten Sie darauf, das hintere Bein nicht unnötig »hochzuschleudern«. **1**

› Üben Sie auch mit dem anderen Bein. Im Allgemeinen will man sein Standbein einsetzen, aber es ist gut für Ihre Körperkoordination, wenn Sie auch die schwächere Seite zum Zug kommen lassen.

Schritt sechs: Die Last zur Lust machen — PRAXIS

Bisschen schwerer: Tiefergehen

Damit können Sie auch gewichtigere Dinge aufheben, denn Tiefergehen hat Dynamik und Kraft. Im Gegensatz zum Bücken investieren Sie bereits für den Weg hinunter Muskelarbeit. Aber dafür kommt kein dickes Ende, wenn Sie wieder hoch müssen, denn Sie haben eine gute Körperspannung aufgebaut.

> Stellen Sie sich in weiter Schrittstellung so zu dem Ding, das Sie heben wollen, dass es mit Ihren beiden Füßen ein flaches Dreieck bildet, das linke Bein vorn.
> Gehen Sie nur so weit in die Knie, dass Sie mit der ausgestreckten rechten Hand nach dem Teil greifen können. Aktivieren Sie beim Tiefergehen Ihren Beckenboden, dann wird sich Ihr Oberkörper neigen, aber nicht beugen.
> Das »Tiefergehen« können Sie prima mit dem »Abstützen« kombinieren. Damit kommen Sie auch mühelos ganz bis auf den Boden, wenn Sie schön breitbeinig stehen. (Seite 109/2)

Dicke Brummer richtig heben

Näher ran

Machen Sie es sich nicht unnötig schwer. Je näher Sie rangehen, desto leichter heben Sie, weil Sie einen viel günstigeren Hebel haben. Bringen Sie daher zuerst das Gewicht nah zu Ihrem Körper:
> Breit stehen: undamenhaft, aber einfach besser. 3

> »In« den Körper bringen: Verlagern Sie den Schwerpunkt des Gewichts oder den Drehpunkt des Hebelarms in Ihren Körper. Das ist statisch günstig.
> Hohes Bein: Um an das Gewicht näher heranzukommen, können Sie manchmal ein Bein »hineinstellen« – Kofferraum, Kinderbett, Podeste …
> Heranziehen: genial einfach – abstützen, heranziehen und dann erst heben.
> Heben in Etappen: Zerlegen Sie eine schwierige Hebestrecke in Abschnitte, damit Sie zwischendurch Ihre Position anpassen können.

Langsam ist besser

› Bringen Sie Ihren Körper nah an das zu hebende Gewicht. Gehen Sie möglichst gerade hinunter, und fassen Sie es sicher.
› Lassen Sie sich nicht dazu hinreißen, schnell zu heben! Atmen Sie tief und entspannt ein. Lassen Sie Ihren Rücken lang werden, ziehen Sie das Steißbein nach unten-vorn, und schließen Sie kraftvoll Ihren Beckenboden (Seite 111/3).
› Mit dem Ausatmen heben Sie das Gewicht möglichst dicht an Ihrem Körper hoch. **1**

Hochrollen

Wenn Sie etwas wirklich Schweres von wirklich ganz unten hochheben wollen – auch das geht. Aber gehen Sie sorgfältig vor.

› Bringen Sie Ihren Körper unbedingt nah an das zu hebende Gewicht. Wenn es einen Griff hat, ist auch seitlich neben Ihrem Bein eine gute Position. Rollen Sie mit dem Oberkörper entspannt hinunter, Sie dürfen richtig rund werden. Fassen Sie das Gewicht sicher an. **2**
› Atmen Sie tief und entspannt ein. Mit dem Ausatmen beugen Sie die Knie und lassen den Rücken gerade werden. Bringen Sie das Gewicht in eine Linie mit Ihrem Körper. Mit dem kraftvollen Schließen des Beckenboden beginnen Sie es zu heben. **3**
› Sie sollten den Eindruck haben, als ob Sie das Gewicht innerhalb Ihres Körpers hochbewegen.

Schritt sechs: Die Last zur Lust machen **PRAXIS**

Wenn Sie sich dabei kraftvoll und gut fühlen und Ihren Beckenboden die ganze Zeit unter Verschluss halten können, dann dürfen Sie gefahrlos auch Schweres heben. Wenn der Beckenboden aber überfordert ausweicht und der Rücken jammert, dann lassen Sie solche Gewichte in Zukunft stehen.

Der Haushalt als Workout

Hausarbeit besteht aus lauter Tätigkeiten, die nicht besonders viel Kraft erfordern und dennoch erschöpfend sein können. Das geschieht sehr schnell, wenn Sie sich häufig rund machen und verkrampfen oder, um Druck auszuüben, die Kraft aus den Schultern holen. Sie können all dies vermeiden und gleichzeitig aus den lästigen Pflichten ein flottes Beckenbodentraining machen. Betrachten Sie es als Sport. Und wenn es ungewöhnlich aussieht – egal. Meist ist man bei der Hausarbeit ja sowieso alleine …

Staubsaugen

Wenn Sie so dynamisch durch Ihre Wohnung fegen, macht das richtig Laune:

› Absolvieren Sie den Möbelparcours in relativ weiter Schrittstellung, das gibt Ihnen Beweglichkeit. **4**
› Wenn Sie auf größeren Flächen Bahnen ziehen, verschrauben Sie sich spiralig – darüber freut sich Ihr Rücken.
› Vermeiden Sie es, rund zu werden, wenn Sie unter Stühlen oder Schränken saugen. Gehen Sie lieber ordentlich tief. **5**

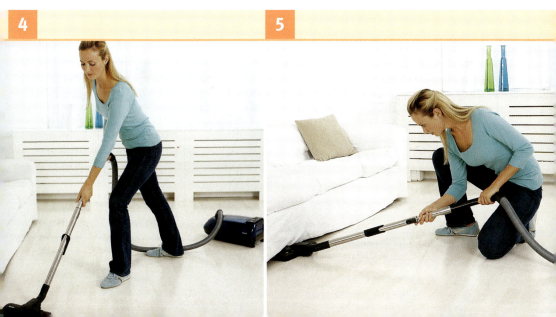

1 2

Fenster putzen

Diese Anleitung gilt für alle Tätigkeiten, bei denen man Druck gegen einen Widerstand ausübt, also unzählig viele – im Haushalt zum Beispiel Töpfe schrubben, Karotten hobeln, schwere Einkaufswagen schieben, Löcher bohren, Rasen mähen, Kinder auf der Schaukel anschubsen oder eben Fenster putzen. Das Prinzip ist immer gleich, Sie müssen nur daran denken, es anzuwenden.

› Gehen Sie in Schrittstellung, finden Sie die passende Kraftlinie (Seite 81), und bewegen Sie sich flexibel mit. 1
› Aktivieren Sie Ihren Beckenboden, und verbinden Sie sich immer, wenn Sie Druck geben, über Ihre Beine mit dem Boden.

Gläser aufschrauben

Hier sind Leistungsspitzen gefragt! Genauso wie beim Wringen oder wenn Sie eine Schraube ins Holz drehen. Mit Beckenbodenhilfe entfalten Sie mühelos genug Kraft.

› Bringen Sie das Glas nahe an Ihren Körper. Lassen Sie die Schultern unten. Atmen Sie tief und entspannt ein.
› Mit der Ausatmung aktivieren Sie Ihren Beckenboden kräftig und lassen die Kraft wie eine Welle kommen. Konzentrieren Sie sie auf den Punkt, wo der Deckel Widerstand leistet. 2
› Sollte das Glas noch zu sein, wenn Ihr Ausatem zu Ende ist, lassen Sie locker und setzen noch mal neu an.

Schritt sechs: Die Last zur Lust machen   PRAXIS

Junge Mütter sind Schwerarbeiterinnen

Zu keiner Zeit des Lebens schleppen viele Frauen so viel – und zu keiner Zeit fällt es so schwer. Denn erstens ist der Beckenboden noch längere Zeit nach der Geburt im Ausnahmezustand, und zweitens ist die Gefahr des Einrundens – wo er seine Spannung ganz verliert – besonders groß, wenn man mit seinem Baby zusammen ist. Die liebevolle Hinwendung öffnet den Körper und begünstigt runde Haltungen, die Aufmerksamkeit ist beim Kind, und das ist auch gut so. Weniger gut ist, dass die Mütter für sich selbst oft keine Aufmerksamkeit mehr übrig haben.

Dazu kommen häufig noch Belastungen wie Schlafmangel oder psychischer Stress, und schon ist die Frau am Rande der völligen Erschöpfung.

Die Gefahren: Wickeltisch, Kinderbett, Autositz

Das bedeutet meist bücken, beugen, in gebeugter Haltung verharren und dabei noch hantieren oder heben. Und oft ist keine Hand zum Abstützen frei.

> Nutzen Sie unbedingt die Schrittstellung. Oft ist es auch möglich, seitlich näher ranzukommen oder sich mit dem ganzen Körper anzulehnen, wenn man keine Hand zum Abstützen frei hat. Oder Sie steigen mit dem Bein ins Bett oder Auto und legen den Oberkörper auf den Oberschenkel ab.

»Mama, hoch!«

Wenn es ums Heben geht, sollte man Kleinkinder ganz nüchtern als Gewicht betrachten, wenn auch als ein besonders süßes.

> Erstaunlich oft gehen Mütter nicht nahe genug ran – allein das würde das Hochheben schon viel leichter machen. Dann konsequent den Beckenboden kräftig aktivieren und mit Atemkraft heben.
> Oder wie wäre es mit einer zweistufigen Variante? Runter aufs Knie gehen, das Kind auf den Oberschenkel setzen, dann auf die Hüfte schieben und kerzengerade aus dem Beckenboden heraus aufstehen.
> Muss es immer hochnehmen sein? Meist macht man das sehr schnell, um Ruhe zu haben. Aber zum Trösten kann man genauso hinunter auf ein Knie und so auf Augenhöhe zum Kind gehen.

Sperriges schleppen

Wäschekörbe, Windelpakete, Kinderwagen über Treppen tragen – es gibt viele Einladungen dazu, in gebückter Haltung zu heben. Wenn Sie niemanden finden, der mit anpackt, versuchen Sie zuerst, ob sich das Ding nicht doch so fassen lässt, dass Ihr Rücken gerade bleibt. Und sollte sich das Heben in gebückter Haltung absolut nicht vermeiden lassen, dann gilt: sehr konzentriert den Beckenboden gut schließen.

EINFACH ÜBEN IM ALLTAG

Ein aktiver Beckenboden hilft Ihnen in der Zeit der Wunder beim Heben und Tragen.

› Sie nehmen sich die Zeit, alles, was zu tragen ist, wirklich gut und nah an Ihrem Körper zu arrangieren. Und dann halten Sie Ihren Beckenboden sehr konzentriert unter kräftiger Spannung, während Sie die Treppe langsam hochsteigen.

› Wenn Ihr Kind prinzipiell dazu in der Lage ist und nur keine Lust hat, dann animieren Sie es zum Treppensteigen. Das kostet zwar mehr Zeit als alles andere, ist aber die beste Lösung. Denn Kinder laufen sowieso meist viel zu wenig.

Die Chancen

Wunderbares Stillen

Es gibt kaum eine bessere Gelegenheit, rund zu sein und zärtlichen Gefühlen Raum zu geben. Nehmen Sie sich Zeit, kosten Sie sie aus, entspannen Sie sich, und kuscheln Sie sich mit Ihrem Baby ein.

Beobachten

Lernen Sie von Ihrem Kind. Vor allem, wie es sich bewegt! Probieren Sie aus. Und wenn Sie auf diese Weise öfter Zeit auf dem Boden zubringen, werden Sie selbst gelenkig bleiben.

Bewegungsspiele

Spielen Sie mit! Nutzen Sie die Gelegenheit, wieder spielen zu »dürfen«, ausgiebig. Genießen Sie das Herumtoben und den einen oder anderen Spaß, den es in Ihrer Kindheit nicht gab!

Besondere Härten

Sie stehen mit einem quengeligen Kleinkind, das hochgenommen werden will, und mit einem sperrigen Einkauf, der auch in den dritten Stock soll, am Fuße einer Treppe. Sie können nun die Zähne zusammenbeißen und das Ganze irgendwie hinter sich bringen. Folgende Möglichkeiten sind jedoch besser:

› Sie gehen zweimal – lassen den Einkauf unten stehen und bringen zuerst das Kind nach oben.

RUND UM SCHWANGERSCHAFT UND GEBURT

Wenn's ums Kinderkriegen geht, ist der Beckenboden ein wirklich zentraler Muskel. Hier Fragen, die am häufigsten gestellt werden:

Meine Tochter kam vor einem Jahr auf die Welt. Bei der Rückbildung habe ich leider geschlampt. Was soll ich tun? Kann man das wiedergutmachen? Oder ist es schon zu spät?

Laut einer Inkontinenz-Studie ist es nicht so entscheidend, ob man das Training für den Beckenboden relativ bald nach der Entbindung oder erst einige Zeit danach macht – Hauptsache, man macht es. Also nicht mit schlechtem Gewissen vor sich herschieben, sondern lieber anfangen. Je früher Sie beginnen, desto besser für Sie, denn Sie bekommen dadurch die Kraft, die Sie in Ihrem Alltag als Mutter gut gebrauchen können. Und jedes Jahr, das Sie vor den Wechseljahren mit dem Training beginnen, zählt für später doppelt!

Ich hatte einen tiefen Dammriss bei der Geburt. Wie wirkt sich das aus?

Das kann man leider nicht pauschal beantworten. In seltenen Fällen gibt es Schäden, die nicht mit Training allein zu beheben sind. In jedem Fall bildet sich Narbengewebe, und das kann die Funktion des Beckenbodens beeinträchtigen, muss aber nicht. Die meisten Frauen bleiben trotz Dammschnitt oder -riss beckenbodengesund. Es ist aber gut möglich, dass Sie mehr für Ihren Beckenboden tun müssen als andere.

Ich bin im vierten Monat schwanger. Bringt es etwas für die Geburt, schon jetzt mit Beckenbodentraining anzufangen? Oder sollte man mit Übungen lieber vorsichtig sein?

Ich rate lediglich von isolierten Kraftübungen ab. Aber je früher und intensiver Sie Ihren Beckenboden kennen lernen und aktivieren, desto besser für Sie, denn er muss Gewaltiges leisten. Neun Monate muss er immer schwerer tragen und bei jedem Druck von oben anspannen, um zu halten. Und bei der Geburt ist auf einmal alles anders. Der Druck wird unglaublich hoch, und der Beckenboden soll sich maximal entspannen – eine der Voraussetzungen für eine problemlose Spontangeburt. Tiefes Loslassenkönnen in der Eröffnungsphase und gute Beckenbeweglichkeit mindern das Risiko von Geburtsverletzungen. Und alles, was Sie vor der Geburt für Ihren Beckenboden tun, verschafft Ihnen einen Vorsprung bei der Rückbildung.

Ultimativ: Gartenarbeit

Wenn Sie die »aktivierenden Prinzipien« konsequent anwenden, können Sie fast alle schweren Arbeiten mit Lust an der Kraft bewältigen. Aber nicht alle: Hacken geht zum Beispiel immer auf den Rücken. Darum sollten Sie stets aufmerksam bleiben und gut in Ihren Körper hineinspüren, damit Sie sich nicht übernehmen. Anderes wiederum sieht wahnsinnig anstrengend aus und ist mit der richtigen Technik problemlos zu bewältigen.

Den richtigen Hebel zu finden macht bei den meisten Gartenarbeiten den entscheidenden Unterschied. Auch die Schrittstellung ist essenziell. Bleiben Sie in ständigem Kontakt mit Ihrem Beckenboden und Ihrem Rücken. Wenn Sie das beherzigen, wird Ihnen die Gartenarbeit ein Quell der Entspannung sein und Ihr Freiluft-Fitnessstudio. Und viele Arbeiten können sehr meditativ sein.

Rechen & kehren

› Gehen Sie in Schrittstellung, und geben Sie das Körpergewicht auf das vordere Bein. Erde rechen Sie zu sich her, indem Sie darauf achten, aufrecht und in der Kraftlinie zu bleiben. Laub oder Staub kehren Sie in einer geschmeidigen Drehbewegung seitlich an sich vorbei – Sie fegen also in schwungvollen, leichten Bögen. Wechseln Sie häufig die Seite.

› Aktivieren Sie Ihren Beckenboden besonders dann, wenn Sie Druck geben.

Schaufeln, graben, Schnee schippen

› Immer in Schrittstellung. Bleiben Sie aufrecht, wenn Sie den Spaten mit dem Fuß in den Boden drücken. Dann in weiter Schrittstellung mit einer Hand am Spatenstiel weit nach vorn gleiten, die andere bleibt hinten. Den Rücken nicht runden, sondern gerade bleiben. Der Drehpunkt des Hebels soll nah beim Körper liegen.

› Wenn Sie etwas sehr Schweres auf der Schippe haben (nassen Schnee!), legen Sie den Schaufelstiel am besten übers Knie. Dann sollten Sie auch die Ladung nicht werfen, sondern kontrolliert dahin bewegen, wo Sie sie haben wollen, und dann die Schaufel drehen.

Holz hacken

› Wenn Sie mal richtig angeben wollen! Gute Ergonomie ist dabei nämlich gar nicht so schwer. Seien Sie jeden Augenblick voll konzentriert. Stehen Sie breitbeinig parallel, Knie angebeugt.

› Heben Sie einatmend die Axt über den Kopf. Halten Sie einen Augenblick inne.

› Der Beckenboden spannt an, während Sie die Axt ausatmend hinuntersausen lassen, und ist im Moment des Aufpralls maximal geschlossen.

Schritt sechs: Die Last zur Lust machen | **PRAXIS**

Der Beckenboden und der Sport

Grundsätzlich: Je aktiver Ihr Beckenboden, desto besser werden Sie in einem Sport sein.

❯ Belastend ist es, wenn starke Erschütterungen auftreten oder hoher Bauchraumdruck von oben entsteht.

❯ Günstig ist es, wenn die Körperkoordination gefordert ist und durchaus ein gewisses Maß an Anstrengung.

Je größer die Belastung ...

… desto stärker muss Ihr Beckenboden sein! Damit können Sie selbst beurteilen, was Sie beachten sollten:

❯ Wenn Sie einen schwachen Beckenboden haben, sollten Sie bei belastenden Sportarten unbedingt auf die richtige Technik achten – also kraftvoll anspannen, um ihn zu schützen. Wenn Ihnen das möglich ist, haben Sie auch einen guten Trainingseffekt. Wenn nicht, sollten Sie einen anderen Sport wählen.

❯ Es gibt Sportarten, bei denen kaum Belastungen auftreten und man nicht anders kann, als den Beckenboden richtig einzusetzen. Diese sind natürlich sehr zu empfehlen.

❯ Dann gibt es noch Sportarten, die für den Beckenboden gut oder schlecht sein können – je nachdem, wie man sie betreibt: Das »Gewusst wie« entscheidet.

Die häufigsten Sportarten

Wenn Sie den Praxisteil durchgearbeitet haben, werden Ihnen die aktiven Bewegungsprinzipien dabei helfen, jede Sportart und jedes Workout mit wachen Augen zu sehen, was den Beckenboden betrifft – und besser zu machen. Hier ein paar Empfehlungen für die am häufigsten nachgefragten Sportarten.

Joggen

Ein Risiko für schwache Beckenböden! Vermeiden Sie große Schritte und Sprünge, und laufen Sie am besten auf weichen, federnden und möglichst abwechslungsreichen Böden. Legen Sie den Schwerpunkt tief (Seite 71), und entwickeln Sie den Lauf aus dem schnellen Gehen heraus. Landen Sie in der Mitte der Ferse, und rollen Sie den Fuß gut ab. Ihr Beckenboden muss intensiv mitarbeiten, Sie mit jedem Schritt vorwärtsbringen.

Nordic Walking

Dies ist ein idealer Sport für den Beckenboden. Wenn Sie die Stöcke aktiv und richtig einsetzen, wirken sich die Über-Kreuz-Bewegungen und die vollständige Muskelkette bis in den Oberkörper sehr günstig auf Gesamtkonstitution und Beckenboden aus. Ein großer Vorteil ist auch, dass man Nordic Walking immer und überall durchführen kann – sehr geeignet für Ihren täglichen »Auslauf«.

Walking, Wandern, Bergwandern

Beim Walken ohne Stöcke oder flotten Spazierengehen müssen Sie wachsam sein – ein harter Auftritt ist hier nicht gefragt. Außerdem wird die Diagonalbewegung des Oberkörpers nicht mehr unterstützt. Wenn Sie bergauf wandern, wird Ihr Beckenboden instinktiv arbeiten, denn es ist anstrengend und abwechslungsreich. Bergab droht hingegen der Schlapp-Modus. Sie müssen bewusst darauf achten, nicht »hinunterzutrotten«, sondern Ihren Beckenboden aktiv einzusetzen. Er wird es Ihnen danken, und Ihre Gelenke werden das auch tun.

Inlineskaten, Schlittschuhlaufen, Skilanglauf

Sie können dabei fast nichts falsch machen, da Sie nur vorwärtskommen, wenn Sie mit den Füßen nach unten drücken, und das schaltet den Beckenboden automatisch ein. Es gibt keine Erschütterungen durch hartes Auftreten, und die günstige Über-Kreuz-Bewegung ist fast nicht zu vermeiden.

Radfahren

Sitzen Sie aufrecht, und halten Sie den Lenker locker. Ziehen Sie den Kopf nicht ein, bleiben Sie groß. Aktivieren Sie den Beckenboden immer, wenn Sie nach unten treten – das gibt einen kraftvollen Antritt, lächelnde Power bei langen Strecken und schützt Sie, wenn es holprig wird.

Schwimmen

Sehr zu empfehlen. Es gibt keine Belastungen, und Sie benötigen alle Muskeln.

Tennis und Squash, laufintensive Ballsportarten

Da Sie keine Zeit haben, dabei auf Ihren Beckenboden zu achten, muss er alles von allein richtig machen, was bei den harten Stopps und Schlägen keine Kleinigkeit ist.

Training an Geräten im Fitness-Studio

Für jeden Muskel gibt es ein spezielles Gerät, für den Beckenboden natürlich nicht. Dafür können Sie fast alle Geräte mit aktivem Beckenboden benutzen und ihn dadurch sinnvoll mittrainieren.

Trampolinspringen

Dabei entsteht unerwartet viel Bauchraumdruck, auch auf dem Minitrampolin, wenn Sie große, beidbeinige Sprünge vollführen. Schonender ist es, kleine Sprünge in Schrittstellung zu machen oder auf der Stelle zu laufen.

Klettern, Abfahrtsski, Volleyball, Tischtennis, Kampfsport

Teils belastend, erfordern diese Sportarten so viel Körperkoordination, dass der Beckenboden sehr differenziert gefordert wird. Das weckt ihn meist schon auf. Achten Sie darauf und verstärken Sie diesen Effekt.

Achten Sie bei jedem Sport darauf: Immer, wenn Sie die Bauchmuskeln anspannen, aktivieren Sie gleichzeitig den Beckenboden – damit Sie nicht nach unten pressen, sondern sich innerlich aufrichten.

Aerobic, Skigymnastik, Seilspringen, diverse Workouts

Je mehr Gehopse, desto wachsamer müssen Sie sein. Beidbeinige Sprünge – vor allem der »Hampelmann« – sollten den Männern vorbehalten sein. Springen Sie als Frau grundsätzlich in Schrittstellung. Ansonsten können Sie mit Ihrem in diesem Buch gewonnenen Beckenbodenwissen jede Gymnastik zum Nebenbei-Beckenbodentraining machen.

Pilates

Ein guter Workout, da mit dem »Powerhouse« auch der Beckenboden explizit angespannt wird. Aber passen Sie auf, dass Sie beim Üben nicht zu hart werden und unverhältnismäßig stark mit dem Bauch pressen.

Yoga

Immer mehr Lehrer gehen gezielt auf den Beckenboden ein, schließlich ist mit dem Mula Bandha nichts anderes gemeint. Wenn Ihr Lehrer nicht darauf achtet, fühlen Sie sich frei, Ihren Beckenboden selbst einzusetzen – es wird Ihrem Yoga guttun.

Aikido, Tai Chi, Qi Gong, Feldenkrais

Setzen Sie den Beckenboden einfach ungefragt ein, dann werden diese an sich schon wunderbaren Bewegungsformen noch besser.

Zum Nachschlagen

Bücher, die weiterhelfen

Cantieni, Benita: *Beschwerdefrei laufen. – Tiger Feeling. Das sinnliche Beckenboden-Training für sie und ihn.* Beide Titel: Südwest Verlag

Freedman, Françoise B.: *Yoga in der Schwangerschaft.* Dorling Kindersley Verlag

Larssen, Christian: *Gut zu Fuß ein Leben lang. Fehlbelastungen erkennen und beheben.* Trias Verlag

Northrup, Christiane: *Frauenkörper, Frauenweisheit. – Weisheit der Wechseljahre.* Beide Titel: Zabert-Sandmann Verlag

Tanzberger, R./Kuhn, A./Möbs, G.: *Der Beckenboden. Funktion, Anpassung und Therapie.* Urban & Fischer Verlag

van Eick, Elke: *Auch Männer haben Wechseljahre. Tipps für Männer und Frauen.* Nymphenburger Verlag

Wessels, Miriam/Oellerich, Heike: *Gymnastik in der Schwangerschaft.* blv Buchverlag

... aus dem GRÄFE UND UNZER VERLAG

Lang-Reeves, Irene/Villinger, Thomas: *Beckenboden. Das Training für mehr Energie* (mit Audio-CD)

Bimbi-Dresp, Michaela: *Das große Pilates Buch*

Friedrich, Andreas W.: *Tai Ji Quan* (mit Audio-CD)

Gebauer-Sesterhenn, Birgit/Villinger, Thomas: *Schwangerschaft und Geburt*

Mannschatz, Marie: *Meditation* (mit Audio-CD)

Marckhgott, Barbara: *Pilates – schön, stark und beweglich* (mit Audio-CD)

Mertens, Wilhelm/Oberlack, Helmut: *Qigong* (mit Audio-CD)

Prell, Nicole/Rager, Astrid: *Nordic Walking Programme* (mit DVD)

Schmidt, M./Winski, N./Helmkamp, A.: *Nordic Fitness. Alle nordischen Varianten für Sommer & Winter*

Trökes, Anna: *Yoga ab 40. – Yoga für Rücken, Schulter & Nacken. – Yoga zum Entspannen* (mit Audio-CD). – *Das große Yoga-Buch*

Adressen, die weiterhelfen

Inkontinenz

Deutsche Kontinenz Gesellschaft e.V.
Friedrich-Ebert-Straße 124
D-34119 Kassel
Tel.: 05 61/78 06 04
E-Mail: info@kontinenz-gesellschaft.de
www.kontinenz-gesellschaft.de

Auf der Website finden Sie eine Liste der Kontinenzzentren in ganz Deutschland.

Informieren Sie sich über weitere Angebote in Ihrer Region, die auch als Beckenboden- oder Inkontinenzzentrum bezeichnet sein können und meist als Kompetenzzentrum Teil eines Krankenhauses sind.

Hotline der Deutschen Kontinenz Gesellschaft

Diese Hotline steht Interessierten und Betroffenen zur Verfügung. Die Deutsche Kontinenz Gesellschaft e.V. klärt dort über Funktionsstörungen der Kontinenz bei Männern, Frauen und Kindern auf. Außerdem gibt sie Adressen von Beratungsstellen und Kontinenzzentren weiter.
Tel.: 0 18 05/23 34 40 – montags bis freitags, 15 bis 20 Uhr (EUR 0,12 pro Minute)

SERVICE

Bücher und Adressen, die weiterhelfen

BeckenbodenZentrum
München
Denninger Straße 44
D-81679 München
Tel.: 089/9 27 94-551
E-Mail:
info@bbzmuenchen.de

Interessante Informationen rund ums Thema Inkontinenz finden Sie auf der Website des Pharmaunternehmens Lilly:
www.kompetenz-in-kontinenz.de

Inkontinenz-Einzeltherapie – Frauen und Männer, auch Unterstützung bei apparativen Therapien:
Karin Schlee, München
Tel.: 089/12092635

Österreich
Medizinische Kontinenzgesellschaft Österreich MKÖ
www.inkontinenz.at
Beratungstelefon zum Ortstarif: 08 10/10 04 55

Unterstützendes, Hilfsmittel

Frauenarztpraxis Dr. Villinger
Sendlinger-Tor-Platz 10
D-80336 München
www.villinger-praxis.de
Hier werden die Beckenbodenseminare der Autorin angeboten.

Spiraldynamik
Dies ist ein sehr empfehlenswerter Ansatz in der Physiotherapie bei Rücken- und anderen orthopädischen Beschwerden. Eine Therapeutenliste finden Sie unter
www.spiraldynamik.com

Vaginalkonen
Elanee-Beckenbodentrainingshilfen sind erhältlich in gut sortierten Drogeriemärkten, in Babyfachgeschäften und direkt beim Hersteller:
Grünspecht Naturprodukte e.K.
Urnenfelder Straße 34 e
D-85051 Ingolstadt
www.elanee.de
Tel.: 0 84 50/90 90 60

MBT-Schuhe
Vor dem Kauf unbedingt probelaufen. Ein Verzeichnis der Verkaufsstellen und Trainer finden Sie auf der Website
www.mbt-info.com

Sitzmöbel
Für bewegtes Sitzen gibt es mittlerweile ein großes Angebot: Firmen wie Hag, Stokke, Moizi bieten vielfältige Variationen. Bekannte »Wackelstühle« sind zum Beispiel Swopper und Ergo.

Da Probesitzen sehr wichtig ist, erkundigen Sie sich am besten nach Angeboten in Möbelhäusern oder Spezialgeschäften in Ihrer Nähe.

Eine Auswahl zum Bestellen finden Sie bei der Firma
memo AG
Am Biotop 6
D-97259 Greußenheim
Tel.: 0 93 69/90 51 50
www.memo.com

Preisgünstige Alternativen, um bewegt zu sitzen, sind Sitzball oder Ballkissen, die in jedem Sanitätsgeschäft erhältlich sind.

Kontakt zur Autorin

Praxis für Körpertherapie
Irene Lang-Reeves
E-Mail: info@lang-reeves.de
www.lang-reeves.de

Dank

Mein Dank geht an alle, die mir geholfen haben zu lernen – Patient(inn)en, Kursteilnehmer(innen), Kolleg(inn)en, meine Lehrer(innen), insbesondere Aikido-Lehrer und Mutter Natur. Außerdem an alle, die mich auf andere Weise unterstützt haben – durch Ermutigung, Zusammenarbeit und Zuneigung.

Sachregister

Übungen sind kursiv gesetzt.

Abstützen 109
Adenom 44
Aerobic 121
Aikido 121
aktivierende Bewegungsprinzipien 28, 29, 40 f., 70 ff., 98, 107
Aktivierung, Beckenboden- 9 ff.
Alltagsintegration 30 ff., 41 f.
Angermund, Almuth 18
Anus 14
Arbeit, körperliche 34 f., 41, 107 ff.
Atmung 20, 38 ff., 81, 107
Aufzug ins Tiefgeschoss 56

Baby 115 f.
Balancieren 33, *83 ff.*, 110
Ball, goldener 71
Ballsportarten 120
Bandscheibenprobleme 22, 44
Barfußlaufen 100
Bauch, Kraft aus dem 72
Bauchpresse 17, 26, 43, 54
Bauchpresse lösen 55
Bauchraumdruck 16 ff., 20, 25, 39, 49, 87, 102
Becken trägt 73
Becken-Bogen 57
Beckenbeweglichkeit 52
»Beckenboden aktivieren« 52
Beckenbodenzentrum 18, 122
Beckenstellung 16
Beinschüttler 66
Belastung 9 ff.
Beschwerden 9 f., 19 ff., 27, 43 f.
»bestimmungsgemäßer Gebrauch« 22
Bewegungen 9 ff., 24, 30, 33 f., 40
– lernen 27 f.
Bewegungsapparat 27
Bewegungskompetenz 16, 29, 32 ff.
Bewegungszentrum 15, 24, 128
Biofeedback 21
Blase 9, 14, 18 ff., 31, 43 f., 117

Boden 33, 76 ff.
Brett, starkes 66
Bücken 106, *108 ff.*
Bügel-Boogie 96

Dammriss 14, 117
Disziplin 30
Drehstuhltango 89

Einbeinstand 83, 95
Einwiegen 52 f.
Elektrostimulation 21
Enddarmprobleme 18
Energie 11 f., 36, 42
Entbequemisieren 26 f.
Entspannen im Hocken 63
Entspannung 9, 16, 34 f., 56 f., 60, 63, 66
Ergonomie zuerst 108
Erhobenen Hauptes 105
Erschütterungen 17, 20, 119
Evolution 24

Fahrrad, Hüftkreisen 102
Faulheit 24 f.
Feinabstimmung 28 f.
Feldenkrais 121
Fenster putzen 114
Fersenpower 60
Fersensolo 60
Fettverbrennung 27
Fitness-Studio 120
Flotter, etwas 100
Fragen zum Training 69, 106, 117
Fußarbeit 76

Gang 17, 23, 32 f., 37, 97, 98
Gartenarbeit 118
Gebärmuttersenkung 20
Geburt 31, 42, 117
Gefühl beim Üben 28 f.
Gefühle, unterdrückte 37
Gegen die Wand 81
Gehen 32 f., 41, 97, *99 f.*
Geräte, Trainings- 21
Gewichte → Heben, → Tragen
Gläser aufschrauben 114
Goldener Ball 71
Graben 118

Grundhaltung im Sitzen 50
Grundspannung 33, 40, 70

Haltung 9, 12, 15 ff., 25, 108
Hantelschraube 82
Hara 10
Harnabgang → Inkontinenz
Harndrang 20 f.
Harnröhre 15
Hausputz 34
Heben 35, 40, 74, *90, 108 ff.*, 115
Hier hast du! 90
High Noon 93
Hoch wie eine Tänzerin 80
Hocharbeiten 74
Hochrollen 64, 112
Hochrollen und halten 64
Hocken, Entspannen im 63
Hockertanz 77
Hohlkreuz 16
Hohlkreuz auffüllen 54
Holz hacken 118
Hormonschutz 13, 19
Hüftbewegung beim Gehen 101
Hund und Katz 68
Husten 17, 20, 39, 83

In die Basis, fertig, los 99
Inkontinenz 9, 18 ff., 31, 43 f., 117
Inlineskaten 120
Isometrischer Tisch 92

Joggen 119

Kaffee 21
Kampfsport 120
Kehren 118
Klettern 120
Kneifübung 14
Kniekreise 93
Knierutsche 109
Knurren 54
Kontinenzzentren 18 f.
Koordination 10, 33, 119
Körper fordern 33
Körperbasis 12, 52, 58, 71, 98
Körperbeherrschung 15, 33
Körpermitte 10, 12
Kraft 10, 17, 40, 42, 58

Sachregister

Kraftlinie 81
Kraftübungen 58 ff.
Kraftwellen 76
Krampfadern 27
Kreise schieben 101

Lachen 39
Langsam ist besser 112
Laufen 32 f., 41, 97 ff.
Lebensenergie 11 f., 36
Liebeskugeln 21
Lust an der Kraft 29, 45, 59, 98, 107, 108, 118

Mama, hoch! 115
Männer 13, 22, 41, 43 f.
MBT-Schuhe 106
Mikrobewegungen 87
Motivation zum Üben 30
Mula Bandha 11
Muskelketten 10, 40, 49, 70, 76, 81, 102
Muskelkraft statt Schwung 74 f.
Muskeln, Beckenboden- 8 ff.
– -schichten 13 ff., 49, *50 f., 60 ff.*
– -training 26, 58 ff.
Muskeln, Hilfs- 49
Muskeltonus 25, 33, 56
Mütter, junge 31, 42, 115 ff.

Näher ran 111
Niesen 17, 20, 39, 83
Nordic Walking 119

Operation 18, 19
Organsenkungen → Senkungen
Östrogen 13, 19

Pendeln 78
Pilates 10, 121
Potenz 22, 43 f.
prämenstruelles Syndrom 27
Presse, Bauch- 17, 26, 43, 54, 55
Prostata 15, 22, 43 f.
psychische Wirkung 12, 27

Qi Gong 10, 121

Radfahren 120
Räuspern 17, 39

Rechen & kehren 118
Rollen statt stauchen 101 f.
Routine, tägliche 42
Rückbildung 9, 31, 42, 117
Rücken 15, 22, 27, 43 f., 52, 108, 109, 115
Rücken lang ziehen 94
Rucksack 104

Schaufeln 118
Schichten erkunden 50 f., 60 ff.
Schlaf 36 f.
Schlapp-Modus 24 f., 36, 38, 102
Schließmuskeln 51
Schließmuskulatur 14
Schlittschuhlaufen 120
Schmetterling, starker 62
Schnee schippen 118
Schritte, Übungs- 40 f., 48 ff.
Schrittstellung 78 ff., 95
Schuhe 98
Schütteln, sich 66
Schwangerschaft 9, 31, 42, 117
Schwerpunkt tieferlegen 71 f.
Schwimmen 120
Schwung 74
Seiltanzen 85
Senkungen 17, 19, 25, 31, 35, 43
Sexualität 9, 11 f., 27, 37, 69
Sitzen 40, 76, 86 f., *88 ff.,* 106
– *Grundhaltung 50*
Sitzhöcker 15
Skifahren 10, 120
Skigymnastik 121
Sperriges schleppen 115
Spiralbewegungen 82 f.
Sport 11, 16, 27, 119 ff.
Springen 121
Squash 120
Stand aufspannen 92 ff.
Standwaage 110
Stärkung des Beckenbodens 9
Staubsaugen 113
Stehen 40, 76, 86 ff., *92 ff.*
Stuhl reiten 88
Sumo-Schwere 72

Tai Chi 10, 121
Tai Chi, Fast wie 79
Tänzerin, hoch wie eine 80

Tapping 60
Tennis 120
Tiefergehen 111
Tisch, isometrischer 92
Tischtennis 120
Tragen 42, *90, 104 f.,* 106, 115
Trainingsempfehlungen 40 ff., 49, 59, 69, 71, 88, 98, 108
Trampolinspringen 17, 120
Treppen steigen 102 ff.
Trink- u. Toilettentraining 21, 43
Trinkmenge 20, 21
Tröpfelproblem → Inkontinenz

Überforderung 33 ff.
Übungsempfehlungen 40 ff., 49, 59, 71, 88, 98, 108
Übungsutensilien 45
Unten bleiben 109
Untergrund, unsicherer 33
Unterleibsorgane 15
Urinverlust → Inkontinenz

Vagina 15
Vaginalkonen 21
Venen 27, 87
Verspannungen 17, 22, 25, 35, 56, 60
Vierfüßler 68
Villinger, Thomas 31
Vitalität 9, 27
Volleyball 120

Wahrnehmung 29, 34, 40, 48
Walking 120
Wand, gegen die 81
Wand hochgehen 62
Wandern 120
Wechseljahre 9, 13, 19, 27, 31
Wege statt bücken 108
Wellen, Kraft- 76
Wickeltisch 115
Wirkungen 9, 27, 31
Workouts 121

Yoga 10 f., 121

Zeit, Übungs- 42, 45
Ziel, Trainings- 9, 27
Zwerchfell 38

125

Impressum

© 2007 GRÄFE UND UNZER VERLAG GmbH, München

Alle Rechte vorbehalten. Nachdruck, auch auszugsweise, sowie Verbreitung durch Bild, Funk, Fernsehen und Internet, durch fotomechanische Wiedergabe, Tonträger und Datenverarbeitungssysteme jeder Art nur mit schriftlicher Genehmigung des Verlages.

Programmleitung: Ulrich Ehrlenspiel

Redaktion: Ilona Daiker

Lektorat und Satz: Felicitas Holdau

Fotoproduktion: Martin Wagenhan, Esslingen

Illustrationen: Nike Schenkl, Caputh

Weitere Fotos: Corbis: S. 38; Getty: S. 23; 116; GU-Archiv: S. 32 (L. Lenz), 121 (T. Roch); Nikolas Olonetzky: Cover, S. 43

Layout: independent mediendesign (Claudia Fillmann, Sabine Krohberger)

Herstellung: Petra Roth

Lithos: Repro Ludwig, Zell am See

Druck: Firmengruppe APPL, aprinta druck, Wemding

Bindung: Firmengruppe APPL, sellier druck, Freising

ISBN 978-3-8338-0377-2

1. Auflage 2007

Dank

Für ihre Unterstützung bei der Fotoproduktion danken wir den Firmen, die uns Mobiliar und Kleidung zur Verfügung gestellt haben: IKEA Deutschland; Scarpe e Moda, München; Sport Scheck, München.

Wichtiger Hinweis

Alle Übungen und Ratschläge in diesem Buch wurden von der Autorin sorgfältig recherchiert und in der Praxis erprobt. Sie sind für Menschen mit normaler Konstitution geeignet. Dennoch sind Sie selbst aufgefordert, in eigener Verantwortung zu entscheiden, ob und inwieweit Sie die Übungen umsetzen möchten. Lassen Sie sich im Zweifelsfall zuvor durch einen Arzt oder Therapeuten beraten. Weder Autorin noch Verlag können für eventuelle Nachteile oder Schäden, die aus den im Buch gegebenen praktischen Hinweisen resultieren, eine Haftung übernehmen.

Umwelthinweis

Dieses Buch wurde auf chlorfrei gebleichtem Papier gedruckt. Um Rohstoffe zu sparen, haben wir auf Folienverpackung verzichtet.

Das Original mit Garantie

IHRE MEINUNG IST UNS WICHTIG. Deshalb möchten wir Ihre Kritik, gerne aber auch Ihr Lob erfahren, um als führender Ratgeberverlag für Sie noch besser zu werden. Darum: Schreiben Sie uns! Wir freuen uns auf Ihre Post und wünschen Ihnen viel Spaß mit Ihrem GU-Ratgeber.

UNSERE GARANTIE: Sollte ein GU-Ratgeber einmal einen Fehler enthalten, schicken Sie uns bitte das Buch mit einem kleinen Hinweis und der Quittung innerhalb von sechs Monaten nach dem Kauf zurück. Wir tauschen Ihnen den GU-Ratgeber gegen einen anderen zum gleichen oder ähnlichen Thema um.

GRÄFE UND UNZER VERLAG
Redaktion
Körper & Seele
Postfach 86 03 25
81630 München
Fax: 089/41981-113
E-Mail: leserservice@graefe-und-unzer.de

Ein Unternehmen der
GANSKE VERLAGSGRUPPE

Praktisch & fundiert

Fit – mit dem Ratgeber Fitness

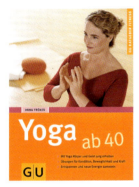

ISBN 978-3-7742-6273-7
128 Seiten

ISBN 978-3-7742-6653-7
128 Seiten

ISBN 978-3-8338-0108-2
128 Seiten

Preis je Band: 12,90 € [D]

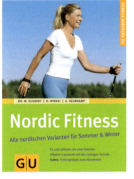

ISBN 978-3-7742-6685-8
128 Seiten

ISBN 978-3-8338-0219-5
128 Seiten

ISBN 978-3-7742-6359-8
128 Seiten

Das macht sie so besonders:

Kompetent – zu jedem Thema ein Top-Experte
Praktisch – zu Hause schnell und sicher umsetzbar
Klar – eingeteilt in Einführung, Praxis und Service

Willkommen im Leben.

Das Wichtigste auf einen Blick

STARK & DYNAMISCH AUS DER KÖRPERMITTE

Der Beckenboden ist das Bewegungszentrum des Körpers – wenn Sie es aktivieren, wird es Ihr Leben leichter machen. Ein aktiver Beckenboden bedeutet mehr Energie für alle Lebensbereiche – für Ihren Körper, Ihre Psyche und Ihren Geist.

Wenn man sich von innen her aufrichtet, steht man anders da, ist wacher und lustvoller. Bei körperlichen Arbeiten ist man wirkungsvoller und lockerer, macht eine gute Figur im Sport, und man kann sich sogar tiefer und bewusster entspannen. Man bewegt sich einfach gerne – was dem Körper in vieler Hinsicht guttut.

Und das alles können Sie ganz einfach haben – indem Sie den Schatz heben, auf dem Sie sitzen.

BECKENBODEN FÜR ALLE!

Wer kann ein lebendiges und vitales Bewegungszentrum nicht gebrauchen? Deshalb ist diese zentrale Muskelgruppe für jeden bedeutsam, ob weiblich oder männlich, mit oder ohne Beschwerden, schwanger, sportlich, vielbeschäftigt, älter oder jünger. Wichtig ist jeweils, was für ein Training Sie brauchen. Mit diesem Ratgeber können Sie es ganz Ihrem individuellen Bedarf anpassen.